「そろそろ、ちゃんと料理しようかな」と思ったら読む本

2品献立、はじめました。

市瀬悦子

大和書房

はじめに

献立、ってなんだかステキな響きですよね。

といっても、献立なんて難しそうと感じる方や、パスタやうどんといった1品ごはんは作るけれど、おかずを組み合わせた"献立らしい献立"は作ったことがないという方だって、大勢いらっしゃると思います。

本書では、そんな献立初心者の方に、

リアルに再現していただけるような

シンプル、カンタン2品献立

をご紹介しています。

まずは、こんなカンタン献立だって十分！
ぜひチャレンジしてみてください！

献立が作れるようになると、自然とバランスよく食べられるようになってお家ごはんがますます充実しますし、「お家で食べるごはんって、カンタンなものでもやっぱり落ち着くし、いいものだな」と感じていただけることと思います。

撮影を終え、改めて振り返ってみますと、献立初心者の方だけでなく、忙しい毎日を過ごす方々にもおすすめできる一冊になったと思います。

日々のごはん作りをする皆さまのお役に立てますように。

市瀬悦子

2

はじめての
献立のすすめ

料理初心者でも忙しくても
これならできる‼を目指しました

本書の「献立」の基本は…

主菜

＋

副菜

＋

主食

おかずは２品だけ！

◎ お家ごはんの楽しさUP！

◎ 満足感も、ぐ〜んとUP！

◎ バランスよく食べられる！

基本の形を覚えたら、
副菜カタログ（4章）からさらに
1品プラスするもよし。
変化球の組み合わせで遊んでみるもよし。
献立の楽しみ、無限大！

これだけ！

献立のしくみ

この本で紹介する献立は、主菜と副菜を1品ずつ作るだけ。あとはごはんやパンを添えれば、食卓が完成です。

献立を考えるときは、「味」や「食感」の違うおかずをバランスよく組み合わせるのが大事なポイントになります。

POINT 1

味つけを変える

レシピの
味｜塩
マーク

主菜がこってり味のおかずならさっぱり味の副菜を、スパイシーなおかずならやさしい味の副菜を合わせて。こんなふうに**主菜と副菜の味つけがかぶらないようにすると**、メリハリのある献立になり、最後までおいしく食べられます。

POINT 2

調理法を変える

レシピの
調理｜焼く
マーク

「主菜はフライパンで作り、副菜はボウルであえる」といったように、**調理法や調理道具ができるだけかぶらないようにすると**、2品の仕上がりに変化がつきます。さらに、同時調理もスムーズにできるので、段取りよく献立が完成するのもいいところ！

POINT 3

野菜の種類を変える

主菜と副菜で使う野菜の種類を変えてみましょう。たとえば、主菜にホクホクとした食感のじゃがいもを、副菜にはシャキシャキとした食感の小松菜を使います。2品の**味わいに違いが出て、満足度アップの献立になります。**

LET'S START!

7

目次

はじめに 2

はじめての献立のすすめ 4

これだけ！ 献立のしくみ 6

1章 はじめての献立

肉の献立1　豚バラとなすのみそ炒め 12

肉の献立2　ひとくちユーリンチー 16

肉の献立3　豚の王道しょうが焼き 18

肉の献立4　鶏の塩肉じゃが 20

肉の献立5　ミラノ風焼きカツレツ 24

肉の献立6　タンドリーチキン 26

肉の献立7　マーボー春雨 28

肉の献立8　牛肉とにんじんのアジアンサラダ 30

肉の献立9　チキンのはちみつトマト煮 32

肉の献立10　牛肉とピーマンのオイスター炒め 34

肉の献立11　チリマヨチキン 38

肉の献立12　豚キムチ炒め 40

魚介の献立1　ぶりのガーリックバター照り焼き 42

魚介の献立2　鮭ときのこのチーズホイル蒸し 46

魚介の献立3　クラムチャウダー 48

卵の献立1　かに玉風 50

卵の献立2　ベーコンとアスパラの卵炒め 52

COLUMN1
こっそり聞きたい料理のきほん 54

2章 いつもの食材で3変化

あるある食材コンビBEST6 56

豚こま×キャベツ

1　和の献立　豚こまとキャベツのレモン昆布蒸し 58

2　洋の献立　豚こまとキャベツのカレートマト煮 60

3　中華の献立　みそホイコーロー 62

鶏むね×きのこ

1　和の献立　鶏ときのこのうま煮 64

2　洋の献立　チキンソテー きのこクリームソース 66

3　中華の献立　中華きのこ蒸し鶏 68

ひき肉×大根
① 和の献立　おろし鶏つくね　70
② 中華の献立　肉みそ大根ステーキ　72
③ エスニックの献立　ひき肉と大根のエスニック炒め　74

豚バラ×なす
① 和の献立　なすのうまみそ肉巻き　76
② 韓国の献立　豚バラとなすの韓国風蒸し　78
③ 中華の献立　豚バラとなすの中華ニラ炒め　80

鶏もも×じゃがいも
① 和の献立　鶏とじゃがいものカレーじょうゆ炒め　82
② 洋の献立　皮ぱりチキンソテーとじゃがバター　84
③ 韓国の献立　鶏とじゃがいものコチュジャン煮　86

鮭×玉ねぎ
① 和の献立　鮭と玉ねぎの照り焼き　88
② 洋の献立　鮭のエスカベッシュ　90
③ エスニックの献立　鮭と玉ねぎのナンプラー炒め　92

COLUMN-2
定番じゃないけど買ってみて!! 調味料編　94

3章　がんばらない日の一皿＋α
ツナのトマトソースパスタ　96
きのことベーコンの和風パスタ　100
なすのキーマカレー　102
ガパオ　104
とろとろ卵のオムライス　106
冷やし豆乳肉みそうどん　110
パッタイ風アジアン焼きそば　112

COLUMN-3
定番じゃないけど買ってみて!! 食材編　114

4章　ずぼら副菜カタログ
和
ニラじょうゆやっこ　116
アスパラのごまあえ　116
トマト納豆　117
さつまいものレンジはちみつレモン煮　117
みそマヨスティック野菜　118

ほうれん草のにんにくじょうゆ炒め … 118

（洋）

アボカドチーズ … 119

ほうれん草のにんにくじょうゆ炒め … 119

玉ねぎステーキ … 119

パプリカマリネ … 120

キャロットラペ … 120

ごぼうのマスタードマヨサラダ … 121

紫玉ねぎのレンジピクルス … 121

エリンギのペペロン炒め … 122

（韓国）

塩もみズッキーニのナムル … 122

（中華）

中華味つけ卵 … 123

レタスの中華サラダ … 123

きゅうりとちくわのオイマヨあえ … 124

れんこんの中華たらこ炒め … 124

ラーパーツァイ … 125

かぶとハムのサラダ … 125

食材別さくいん … 126

この本の使い方

■ 1カップ＝200㎖、大さじ1＝15㎖、小さじ1＝5㎖です。

■ 本書では特別な表記がない場合、フライパンは直径26㎝のものを、鍋は直径18㎝のものを使用しています。

■ 電子レンジの加熱時間は出力600Wの場合の目安です。500Wの場合は1.2倍に加減してください。

■ オーブントースターの加熱時間は1000Wの場合の目安です。

■ 特別な表記がない場合、塩は精製塩、砂糖は上白糖、しょうゆは濃口しょうゆ、みそは信州みそを使用しています。

■ 「だし汁」は昆布と削り節でとったものです。市販のだしの素を使用する場合は指定の割合で溶かしてください。

■ 野菜については「洗う」「ヘタをとる」「皮をむく」「きのこの石づきを除く」といった作業は表記を省略しています。これらの下ごしらえをすませてから調理してください。

1章

はじめての献立

覚えておきたい定番料理を中心に、
バリエーション豊かな献立をご用意しました。
ページをぱらぱらとめくってみて、
気になったものから自由に作ってみましょう！

やわらかななすの炒めものに、
食感のいいキャベツのあえものを合わせて。
なすは蒸してから炒めることで、
短時間で火が通ります。

豚バラとなすのみそ炒め

12

段取りメモ

1 (主菜) 下ごしらえ
2 (副菜) キャベツをゆでる
3 (主菜) 蒸して炒める
4 (副菜) あえる

キャベツのタバスコ
アボカドあえ

ごはん

豚バラとなすのみそ炒め

ごはんのおかわり必至の、こってりみそ味

味 みそ 　調理 炒める

材料 2人分

豚バラ薄切り肉 … 150g
なす … 4本
赤とうがらし（種を除く）… 1本
A おろしにんにく … 小さじ1/3
　┌ みそ、酒 … 各大さじ2
　└ 砂糖 … 大さじ1
サラダ油 … 大さじ2

作り方

1. なすは縦半分に切って1cm幅の斜め切りにする。豚肉は6〜7cm幅に切る。ボウルにAを混ぜ、豚肉、赤とうがらしを加えてもみ込む。

2. フライパンになすを入れ、サラダ油を回し入れてからめ、全体に広げる。豚肉を1枚ずつ広げながら重ね入れ、ふたをして中火にかけ、4分ほど蒸す。

3. ふたを取り、水分をとばしながら軽く焼き色がつくまで炒め合わせる。

☑ まめちしき　先に蒸してから炒めることで、なすに早く火が通ります。**なす、豚肉の順に重ね、なすに肉のうまみをしっかり移す**のも、おいしさのポイントに。

キャベツのタバスコアボカドあえ

ねっとりと濃厚なアボカドが、あえ衣の役目も兼任

味 しょうゆ　調理 ゆでる

材料 2人分

キャベツ … 4〜5枚(200g)
アボカド … 1個
A ごま油 … 小さじ2
　しょうゆ … 小さじ1
　タバスコ … 小さじ1/2

作り方

1 キャベツは一口大に切る。鍋に湯を沸かし、キャベツを入れてさっとゆで、ざるに上げて冷ます。

2 アボカドは種と皮を除いてボウルに入れる。フォークで粗くつぶし、1を加えてあえる。器に盛り、混ぜたAをかける。

＊タバスコがなければ、代わりに練りわさびでも。

☑ まめちしき　食べごろのアボカドは、皮が黒紫色です。皮が緑色のものはまだ若く、かたいので、室温において食べごろになるまで熟成させて。

レタスのピリ辛のりサラダ

ごはん

ユーリンチーはフライパンに少ない油で揚げられるので、思った以上に手軽です。主菜に少し手をかける分、副菜はちぎってあえるだけの簡単サラダに。

ひとぐちユーリンチー

✏️ 段取りメモ

1. (主菜) 肉に下味をつけ、たれを作る
2. (副菜) 下ごしらえ
3. (主菜) 揚げる
4. (副菜) あえる

味 しょうゆ ／ 調理 揚げる

ひとくちユーリンチー

揚げ鶏にさっぱり香味だれをたっぷりとからめて

材料 2人分

鶏もも肉 … 大1枚 (300g)
A 酒 … 大さじ2
 └ 塩 … 小さじ1/4
B 長ねぎのみじん切り
　　… 1/4本分
　しょうがのみじん切り
　　… 1/2かけ分
　砂糖、しょうゆ、酢
　　… 各大さじ1
 └ ごま油 … 小さじ1
片栗粉、揚げ油 … 各適量
レモンのくし形切り (好みで)
　… 2切れ

作り方

1 鶏肉は余分な脂肪をとり、10等分に切る。ボウルに入れ、Aを加えてもみ込み、室温に20分ほどおく。

2 Bは混ぜ合わせる。

3 フライパンに揚げ油を2cm深さまで入れて170℃に熱する。1に片栗粉を1切れずつしっかりとまぶして入れ、ときどき上下を返しながら4分ほど揚げる。強火にし、1分ほど揚げ、油をきる。器に盛り、Bをかけ、レモンを添える。

味 塩 ／ 調理 あえる

レタスのピリ辛のりサラダ

焼きのりの磯の風味が存在感を発揮

材料 2人分

レタス … 1/2個 (150g)
焼きのり … 1/2枚
A ごま油 … 大さじ1と1/2
 ├ 塩 … ひとつまみ
 └ 一味とうがらし … 少々

作り方

1 レタスは大きめの一口大にちぎる。焼きのりは小さめの一口大にちぎる。

2 ボウルに1、Aを順に入れ、手でもむようにしてあえる。

☑ まめちしき 鶏肉をカリッと仕上げるコツは3つ。①片栗粉は揚げる直前にまぶす②最後に強火にして揚げる③揚げバットにとって、しっかり油をきる。

人気おかずの"しょうが焼き"に
みそ汁を合わせ、定食屋さん風に。
みそ汁の具をじゃがいもにすれば、
食べごたえもばっちりです。

じゃがいもと
ししとうのみそ汁

ごはん

豚の王道しょうが焼き

✏️ 段取りメモ

1 （主菜）&（副菜）下ごしらえ
2 （副菜）煮る
3 （主菜）焼く
4 （副菜）みそを溶く

18

豚の王道しょうが焼き

しょうがの風味が広がるがっつり味がやみつき！

味 しょうゆ 　調理 焼く

材料 2人分

豚ロースしょうが焼き用肉
　… 8枚 (300g)
玉ねぎ … 1/2個
キャベツ … 2枚
片栗粉 … 小さじ1/2
A おろししょうが … 1かけ分
　┌ しょうゆ … 大さじ1と1/2
　│ 酒、みりん … 各大さじ1
　└ 砂糖 … 大さじ1/2
サラダ油 … 大さじ1/2

作り方

1 玉ねぎは横1cm幅に切る。キャベツはせん切りにする。豚肉は広げ、片面に片栗粉をざっとまぶす。Aは混ぜ合わせる。

2 フライパンにサラダ油を中火で熱し、豚肉、玉ねぎを入れ、少し焼き色がつくまで1分30秒ほど焼く。全体に上下を返し、さっと焼く。

3 余分な油をふきとり、Aを加えて強火にし、全体の上下を返しながら照りよくからめる。器に盛り、キャベツを添える。

副菜

じゃがいもとししとうのみそ汁

生のししとうをのせ、食感＆味のアクセントに

味 みそ 　調理 煮る

材料 2人分

じゃがいも … 1個 (150g)
ししとう … 4本
だし汁 … 2カップ
みそ … 大さじ1と1/2

作り方

1 じゃがいもは1cm厚さのいちょう切りにする。水にさっとさらし、水けをきる。

2 鍋にだし汁を入れて中火にかけ、煮立ったらじゃがいもを加え、やわらかくなるまで5〜6分煮る。ししとうは薄い小口切りにする。

3 2の鍋にみそを溶き入れる。器に盛り、ししとうをのせる。

＊ししとうは、切ると種が黒く変色しやすいので、器に盛る直前に切って。

☑ まめちしき　しょうが焼きの豚肉は、片栗粉をまぶしてから焼くと、たれがしっかりからみます。さらに、肉がやわらかく仕上がるうれしい効果も。

豆腐とトマトの和風サラダ

鶏の塩肉じゃが

ごはん

こっくりとした煮ものには、
さっぱりサラダで味にメリハリを。
肉じゃがはフライパンで煮ると、
食材同士が重なりにくく、
味が均一にしみ込みます。

✏️ 段取りメモ

1 主菜 & 副菜　下ごしらえ

2 主菜　煮る

3 副菜　あえる

鶏の塩肉じゃが

鶏ガラベースの塩味で、ちょっと変化球

味 塩　調理 煮る

材料 2人分

鶏もも肉 … 大1枚 (300g)

じゃがいも … 2個 (300g)

玉ねぎ … 1/2個

サラダ油 … 小さじ1

A 水 … 2と1/4カップ

　鶏ガラスープの素、みりん
　　　… 各大さじ1

　塩 … 小さじ1/2

粗びき黒こしょう … 少々

作り方

1 じゃがいもは4つ割りにして水にさっとさらし、水けをきる。玉ねぎは2cm幅のくし形に切る。鶏肉は一口大に切る。

2 フライパンにサラダ油を中火で熱し、じゃがいも、玉ねぎを入れて炒める。全体に透き通ってきたら鶏肉を加え、肉の色が変わるまで炒める。Aを加え、煮立ったらアクをとる。落としぶたをして、弱めの中火で15分ほど煮る。途中、一度全体の上下を返す。

3 器に盛り、黒こしょうをふる。

☑ **まめちしき** 落としぶたは、アルミホイルやオーブンシートで代用できます。落としぶたをすることで、煮汁がふたにあたって対流し、具材全体に行き渡ります。

豆腐とトマトの和風サラダ

青じそのおかげで、あと味さわやか

（味 しょうゆ）（調理 あえる）

材料 2人分

木綿豆腐 … 小1丁 (200g)
ミニトマト … 8個
青じそ … 5枚
A ごま油 … 大さじ1
 ┌ しょうゆ … 小さじ2
 └ 酢 … 小さじ1

作り方

1 木綿豆腐は小さめの一口大に切る。ミニトマトは縦半分に切る。青じそは小さくちぎる。
2 ボウルにAを混ぜ、1を加えてあえる。

☑ まめちしき 豆腐は調味料がからむと水分が出やすくなります。仕上がりがべちゃっとならないよう、食べる直前にあえましょう。

自家製ドレッシングの
グリーンサラダ

パン

ミラノ風焼きカツレツ

薄い衣でカリッと香ばしいカツレツに、
パンを添えて洋風献立に。
フレッシュなサラダを添えて、
味のバランスをとりましょう。

薄くのばした豚肉にチーズ風味の衣をまぶして

ミラノ風焼きカツレツ

味 塩＋チーズ **調理** 焼く

材料 2人分

豚ロースとんカツ用肉
　… 2枚（250g）
A パン粉（ドライ）… 30g
└ 粉チーズ … 大さじ1
塩 … 小さじ1/4
こしょう … 少々
小麦粉、溶き卵 … 各適量
オリーブ油 … 大さじ3
レモンの輪切り、ピクルス
　（好みで）… 各適量

作り方

1 豚肉は筋切りをする。ラップではさんでめん棒などでたたき、1cm弱の厚さにのばす。Aは混ぜ合わせる。

2 豚肉に塩、こしょうをふり、小麦粉を薄くまぶす。溶き卵にくぐらせてAをまぶし、衣を手でギュッと押さえる。

3 フライパンにオリーブ油大さじ2を中火で熱し、**2**を入れて3分ほど焼く。こんがりと色づいたらオリーブ油大さじ1を足して上下を返す。弱めの中火にし、2分ほど焼いて油をきる。器に盛り、レモンとピクルスを添える。

副菜

みずみずしい生野菜にさっぱり味がよく合う

自家製ドレッシングのグリーンサラダ

味 塩 **調理** あえる

材料 2人分

きゅうり … 1本
ベビーリーフ … 30g
自家製フレンチドレッシング
　（作りやすい分量）
　オリーブ油 … 大さじ6
　酢 … 大さじ2
　塩 … 小さじ1
└ こしょう … 少々

作り方

1 ボウルに自家製フレンチドレッシングの材料を入れ、よく混ぜる。

2 きゅうりは縦半分に切って斜め薄切りにする。別のボウルに入れ、ベビーリーフ、**1**のドレッシング大さじ1と1/2を加え、あえる。

＊残りの自家製フレンチドレッシングは、清潔な瓶などに入れて冷蔵室で保存を。約10日間保存可能。

🖉 段取りメモ

❶ 主菜 ＆ 副菜 下ごしらえ
❷ 主菜 焼く
❸ 副菜 あえる

☑ **まめちしき** 「ミラノ風カツレツ」とは、本来は仔牛肉を使うイタリア・ミラノの名物料理。**肉をたたいて薄くのばすので、繊維がこわれてやわらかな食感に。**

カレー粉を使った2品のおかずで、
気分が上がるエスニックな食卓に。
2品の風味を変えることで、
最後まで飽きずにおいしい！

ピタパン

じゃがいもと
オクラのサブジ

タンドリーチキン

タンドリーチキン

一晩漬けるからしっとりやわらかく、味しみ抜群！

味 カレー＋ヨーグルト　　**調理** 焼く

材料 2人分

鶏もも肉 … 大1枚 (300g)
赤パプリカ … 1個
A おろしにんにく … 1/2かけ分
　 プレーンヨーグルト … 大さじ3
　 トマトケチャップ … 大さじ1
　 カレー粉 … 大さじ1/2
　 塩 … 小さじ1/2
オリーブ油 … 小さじ1

作り方

1 鶏肉は余分な脂肪をとり、6等分に切る。ポリ袋にAを入れ、袋の上からもんで混ぜ、鶏肉を加えてなじむまでもみ込む。空気を抜いて口を閉じ、冷蔵室で一晩漬ける。

2 パプリカは一口大に切る。

3 フライパンにオリーブ油を中火で熱し、1をたれを軽くきって皮目を下にして入れる。パプリカを加え、肉に焼き色がつくまで3分ほど焼く。上下を返し、ふたをして弱火で4分ほど蒸し焼きにする。

4 パプリカを先に取り出す。強めの中火にし、フライパンを揺すりながら鶏肉にたれをからめる。

じゃがいもとオクラのサブジ

スパイスをきかせたインドの野菜料理を手軽に

味 カレー＋クミン　　**調理** 炒める

材料 2人分

じゃがいも … 小2個 (250g)
オクラ … 8本
にんにく … 1かけ
クミンシード (P.94) … ひとつまみ
オリーブ油 … 大さじ1
カレー粉、塩 … 各小さじ1/2
粗びき黒こしょう … 少々

🖊 **段取りメモ**

❶ 主菜 鶏肉を漬ける
❷ 主菜 ＆ 副菜 下ごしらえ
❸ 副菜 炒める
❹ 主菜 焼く

作り方

1 じゃがいもは8等分に切る。オクラはガクをむいて斜め半分に切る。にんにくはみじん切りにする。

2 フライパンにオリーブ油、クミンシード、にんにくを入れて中火で熱し、香りが立ったらじゃがいも、オクラを加えて炒める。全体に油が回ったらカレー粉を加え、粉っぽさがなくなるまで炒める。

3 水大さじ5、塩、黒こしょうを加えてひと混ぜし、ふたをして3分ほど蒸し焼きにする。ふたを取り、ざっと混ぜる。

☑ **まめちしき**　タンドリーチキンは、鶏もも肉を鶏むね肉に代えてもOK。その場合は、**むね肉のほうがもも肉よりも火が通りやすいので、焼き時間を若干短めに。**

蒸しなすのからしだれ

主菜がごはんによく合う
しっかり味なら、
副菜はさっぱり爽やかな一品に。
蒸しなすは、レンチンで
手軽にジューシーに仕上げます。

ごはん

マーボー春雨

✏️ 段取りメモ

❶ 副菜 なすをレンジ加熱
❷ 主菜 下ごしらえ
❸ 副菜 残りの下ごしらえ
❹ 主菜 煮る
❺ 副菜 仕上げる

28

マーボー春雨

肉のうまみや煮汁を存分に吸った春雨が美味

味 みそ ・ 調理 煮る

材料 2人分

豚ひき肉 … 150g
緑豆春雨 (乾燥) … 50g
にんにく … 1/2かけ
A みそ … 大さじ1
  しょうゆ … 大さじ1/2
  鶏ガラスープの素 … 小さじ1/2
  水 … 2カップ
B 片栗粉 … 小さじ1/2
  水 … 小さじ1
サラダ油 … 大さじ1
豆板醤 … 小さじ1/2

作り方

1 春雨は長いものは半分の長さに切る。にんにくはみじん切りにする。A、Bはそれぞれ混ぜ合わせる。

2 フライパンにサラダ油、豆板醤、にんにくを入れて中火で熱し、香りが立ったらひき肉を加え、ほぐしながら肉の色が変わるまで炒める。

3 A、春雨を加え、煮立ったら弱めの中火にし、ときどき春雨を煮汁に浸しながらなじませ、7〜8分煮る。

4 Bの水溶き片栗粉を再度混ぜてから回し入れ、混ぜながらとろみをつける。

副菜

蒸しなすのからしだれ

パクチーの香り、からしの辛みをアクセントに

味 しょうゆ ・ 調理 電子レンジ

材料 2人分

なす … 3本
パクチー … 1/2株 (10g)
A 練りがらし … 小さじ1/3
  しょうゆ、酢 … 各大さじ1/2
  砂糖、ごま油 … 各小さじ1

作り方

1 なすは皮をピーラーで縞目にむき、1本ずつラップで包む。電子レンジで4分ほど加熱し、ラップをつけたまますぐに氷水にさらし、冷やす。

2 パクチーは1cm幅に刻む。Aは混ぜ合わせる。

3 なすの水けをふき、食べやすく手で縦に裂く。パクチーと合わせて器に盛り、Aをかける。

☑ まめちしき　なすを電子レンジで蒸すときは、**皮を縞目にむくと火が通りやすくなります**。また、**氷水で一気に冷やすことで、鮮やかな紫色をキープ**できます。

バゲット

牛肉とにんじんの
アジアンサラダ

大根のピリ辛甘酢漬け

ボリューム満点のアジアンサラダは、
バゲットにはさめばベトナムの
サンドイッチ"バインミー"に。
食感のいい甘酢漬けが、箸休めにぴったり！

✏️ 段取りメモ

❶ 主菜 湯を沸かし始める

❷ 副菜 下ごしらえしてレンジ加熱

❸ 主菜 下ごしらえしてゆで、仕上げる

牛肉とにんじんのアジアンサラダ

ナンプラーベースのドレッシングで味わうおかずサラダ

味 ナンプラー　調理 ゆでる

材料　2人分

牛切り落とし肉 … 150g
にんじん … 1/2本
紫玉ねぎ（または玉ねぎ） … 1/4個
サニーレタス … 3〜4枚（60g）
塩 … 少々
A おろしにんにく … 1/4かけ分
　ナンプラー、レモン汁、
　　サラダ油 … 各大さじ1
　砂糖 … 小さじ1
　粗びき黒こしょう … 少々

作り方

1 にんじんはスライサー（なければ包丁）でせん切りにする。紫玉ねぎは横薄切りにし、サニーレタスは一口大にちぎる。

2 鍋にたっぷりの湯を沸かして塩を入れ、にんじんを20秒ほどゆで、ざるに上げて冷ます。続けて弱めの中火にし、牛肉を入れて、肉の色が変わるまでゆで、同様に冷ます。

3 ボウルにAを混ぜ、2を加えてあえる。全体に調味料がなじんだら、紫玉ねぎ、サニーレタスも加え、あえる。好みでパンにはさんでも。

副菜

大根のピリ辛甘酢漬け

レンチンすることで、漬け時間を短縮

味 甘酢　調理 電子レンジ

材料　2人分

大根 … 1/5本（200g）
赤とうがらし … 1/2本
A 砂糖、ナンプラー … 各大さじ1
　酢、サラダ油 … 各大さじ1/2

作り方

1 大根は薄いいちょう切りにする。赤とうがらしは種ごと粗みじん切りにする。

2 口径20cmほどの耐熱ボウルにA、赤とうがらしを入れて混ぜ、大根を加えてふんわりとラップをかける。電子レンジで1分30秒ほど加熱し、冷ましながら味をなじませる。

☑ まめちしき　アジアンサラダの牛切り落とし肉は、豚しゃぶしゃぶ用肉でも代用できます。ゆでたあとは水にとって冷ますと脂が固まってかたくなりがちなので、自然に冷ましましょう。

パン

濃厚なトマトの
うまみが決め手の主菜は、
ごはんはもちろん、
パンにも好相性。
主菜を引き立てたいから、
サラダはさっぱりと。

きゅうりのギリシャ風サラダ

🖋 段取りメモ

❶ 主菜 & 副菜 下ごしらえ

❷ 主菜 煮る

❸ 副菜 あえる

チキンのはちみつトマト煮

32

チキンのはちみつトマト煮

はちみつのやさしい甘みで深いコクが生まれる

| 味 | トマト | 調理 | 煮る |

材料 2人分

鶏もも肉 … 大1枚 (300g)
さやいんげん … 12本
玉ねぎ … 1/4個
にんにく … 1かけ
塩 … 小さじ1/3
こしょう … 少々
小麦粉 … 適量
オリーブ油 … 大さじ1
A ローリエ … 1枚
　ホールトマト缶 … 1缶 (400g)
　水 … 1と1/4カップ
　はちみつ … 大さじ1
　塩 … 小さじ1/2

作り方

1 玉ねぎ、にんにくはみじん切りにする。鶏肉は一口大に切り、塩、こしょうをふって小麦粉を薄くまぶす。

2 フライパンにオリーブ油、にんにくを入れて中火で熱し、香りが立ったら玉ねぎを加え、しんなりするまで炒める。鶏肉、さやいんげんを加え、肉の色が変わるまで炒める。

3 Aを加え、木べらでトマトを粗くつぶす。煮立ったら弱めの中火にし、ときどき混ぜながら15分ほど煮る。

きゅうりのギリシャ風サラダ

シャキシャキきゅうりをまろやかドレッシングで

| 味 | ヨーグルト | 調理 | あえる |

材料 2人分

きゅうり … 2本
A おろしにんにく … 少々
　プレーンヨーグルト
　　… 1/2カップ
　塩 … 小さじ1/2
オリーブ油 … 少々

作り方

1 きゅうりは薄い小口切りにする。

2 ボウルにAを混ぜ、きゅうりを加えてあえる。器に盛り、オリーブ油をかける。

☑ まめちしき　トマト煮は**はちみつを加えることで、長く煮込まなくてもトマト缶の酸味が**やわらぎ、おいしく仕上がります。

牛肉とピーマンの
オイスター炒め

ごはんがすすむガッツリ系の
炒めものに、甘みのある
コーンスープを合わせて。
2品の味わいの変化を
楽しめる中華風献立です。

34

ごはん

中華コーンスープ

✎ 段取りメモ

❶ (主菜) & (副菜) 下ごしらえ
❷ (副菜) 煮る
❸ (主菜) 炒める

牛肉とピーマンのオイスター炒め

ごま油は仕上げに加え、香りをしっかりキープ

味 オイスターソース　調理 炒める

材料 2人分

牛切り落とし肉 … 120g

ピーマン … 5個

長ねぎ … 1本

A 片栗粉、酒 … 各小さじ2
└ 塩、こしょう … 各少々

B 酒、オイスターソース
　　 … 各大さじ1
└ しょうゆ … 小さじ1

サラダ油 … 大さじ1

ごま油 … 少々

作り方

1 ピーマンは縦5mm幅に切る。長ねぎは1cm幅の斜め切りにする。牛肉はAを加えてもみ込む。Bは混ぜ合わせる。

2 フライパンにサラダ油を中火で熱し、牛肉をほぐしながら色が変わるまで炒める。ピーマン、長ねぎを加えて強火にし、全体に油が回るまでさっと炒める。Bを加えてさっと炒め、ごま油を回し入れ、ひと混ぜする。

☑ まめちしき　牛切り落とし肉を豚こま切れ肉に代えても同様に作れます。下味に片栗粉を入れることで味がよくからまり、適度なとろみもつきます。

中華コーンスープ

ふわふわ卵のやさしい口当たりが◎

味 塩＋コーン 　調理 煮る

材料 2人分

卵 … 1個
クリームコーン缶 … 1缶 (180g)
A 水 … 1と1/2カップ
鶏ガラスープの素 … 小さじ2
塩 … 小さじ1/4
こしょう、ごま油 … 各少々

作り方

1 卵は溶きほぐす。

2 鍋にクリームコーン缶、Aを入れて混ぜ、中火にかける。煮立ったら溶き卵を回し入れる。卵がふわっと浮いたら火を止め、ひと混ぜする。

☑ まめちしき 溶き卵は**スープがふつふつと煮立ったところに回し入れる**のが、ふんわり仕上げるコツです。

ワンプレートに盛り合わせ、
見栄えも気分も上がる
エスニック献立に。
おかずやごはんが
混ざり合ったところの、
味の変化も楽しめます！

ごはん

チリマヨチキン

ヤムウンセン

✏️ **段取りメモ**

❶ 主菜 & 副菜 下ごしらえ
❷ 副菜 ゆでて春雨をあえる
❸ 主菜 揚げる
❹ 副菜 仕上げる

38

チリマヨチキン

甘くて辛いまったりとしたソースがクセになる

味 チリマヨネーズ　**調理** 揚げる

材料 2人分

鶏スペアリブ … 300g
塩 … 小さじ1/3
A スイートチリソース、
　└ マヨネーズ … 各大さじ3
揚げ油、片栗粉 … 各適量

作り方

1 鶏スペアリブは塩をすり込み、室温に10分ほどおく。ボウルにAを混ぜる。

2 フライパンに揚げ油を1cm深さまで入れて170℃に熱する。鶏スペアリブに片栗粉を薄くまぶして入れ、ときどき上下を返しながら5〜6分揚げる。

3 油をきり、1のボウルに加えてあえる。

副菜

ヤムウンセン

甘酸っぱさが人気のタイ風春雨サラダ

味 ナンプラー　**調理** ゆでる

材料 2人分

えび(殻つき) … 小10尾(160g)
きゅうり … 1本
紫玉ねぎ(または玉ねぎ) … 1/4個
パクチー … 1株(20g)
緑豆春雨(乾燥) … 60g
塩 … 少々
A おろしにんにく … 少々
　├ 赤とうがらしの小口切り … 1本分
　├ ナンプラー … 大さじ2
　├ 砂糖、レモン汁、サラダ油
　└ … 各大さじ1

作り方

1 えびは尾を残して殻をむき、背に浅く切り目を入れて背ワタをとり、洗う。きゅうりは縦半分に切って斜め薄切りにし、紫玉ねぎは縦薄切りにする。パクチーは1cm長さに刻む。

2 鍋にたっぷりの湯を沸かして塩を入れ、えびを中火で30〜40秒ゆで、取り出す。同じ湯で春雨を袋の表示通りにゆで、ざるに上げ、しっかりと水けをきる。長ければ、キッチンばさみで食べやすく切る。

3 ボウルにAを混ぜ、春雨を加えてあえ、冷ます。えび、きゅうり、紫玉ねぎ、パクチーを加え、あえる。

☑ **まめちしき** 揚げ油の温度を確認するときは、油の中に水のついていない菜箸を斜めに入れます。**すぐに小さな泡がシュワシュワと上がってくる状態が、170℃の目安。**

豚キムチ炒め

ピリ辛味のキムチ炒めには
シンプル味のナムルを。
レンジで手軽に
作れます。

もやしと貝割れ菜のナムル

ごはん

✏️ 段取りメモ

1 副菜 もやしをレンジ加熱
2 主菜 ＆ 副菜 下ごしらえ
3 副菜 あえる
4 主菜 炒める

40

キムチが味つけも兼ねる

豚キムチ炒め

（味 キムチ）（調理 炒める）

材料 2人分

豚バラ薄切り肉 … 150g
玉ねぎ … 1個
白菜キムチ(カットタイプ) … 100g
塩、こしょう … 各少々
サラダ油 … 小さじ1
しょうゆ … 小さじ2

作り方

1 玉ねぎは縦半分に切って、横1cm幅に切る。豚肉は3等分の長さに切って塩、こしょうをふる。

2 フライパンにサラダ油を中火で熱し、玉ねぎを入れて2分ほど焼く。玉ねぎを端に寄せ、空いたところに豚肉を入れ、肉の色が変わるまで炒める。

3 キムチを加え、玉ねぎが透き通るまで炒め合わせる。しょうゆを加え、さっと炒める。

レンジ加熱でもやしを歯ごたえよく

もやしと貝割れ菜のナムル

（味 塩）（調理 電子レンジ）

材料 2人分

もやし … 1袋(200g)
貝割れ菜 … 1/2パック
A おろしにんにく … 少々
　├ ごま油 … 大さじ1
　├ 塩 … 小さじ1/3
　└ 粗びき黒こしょう … 少々

作り方

1 口径20cmほどの耐熱ボウルにもやしを入れ、ふんわりとラップをかける。電子レンジで2分30秒ほど加熱し、ざるに上げ、水けをきる。貝割れ菜は根元を切り落とす。

2 ボウルにAを混ぜ、**1**を加えてあえる。

☑ **まめちしき** 雑穀ごはんは栄養があって見た目もカフェ風になるのでおすすめ。市販の雑穀ミックスを表記通りに白米に混ぜて炊くだけ。赤米や黒米を入れるとよく色づきます。

ぶりのガーリックバター照り焼き

ごはん

ひじきと青菜のサラダ

定番の照り焼きに、にんにくと
バターを加えてますますごはんが進む一品に。
副菜はひじきと野菜の
さっぱりサラダでバランスをとります。

✏️ 段取りメモ

❶ 副菜 下ごしらえして仕上げる

❷ 主菜 下ごしらえして焼く

ぶりのガーリックバター照り焼き

にんにくとバターでパンチの効いた味わいに

味 しょうゆ　調理 焼く

材料 2人分

ぶり … 2切れ(200g)
小麦粉 … 適量
A おろしにんにく … 少々
└ しょうゆ、みりん … 各大さじ1
サラダ油 … 大さじ1/2
バター … 10g
粗びき黒こしょう … 適量

作り方

1 ぶりは小麦粉を薄くまぶす。Aは
   混ぜ合わせる。

2 フライパンにサラダ油を中火で
   熱し、ぶりを入れ、2分ほど焼く。
   焼き色がついたら上下を返し、1
   分ほど焼く。

3 フライパンの余分な油をふき、A、
   バターを加え、照りよくからめる。
   器に盛り、好みでさらにバター適
   量をのせ、黒こしょうをふる。

☑ まめちしき　ぶりに小麦粉をまぶすのは、焼く直前に。まわりはカリッと、中はふっくら
仕上がります。バターは仕上げに加えると、風味が際立ちます。

ひじきと青菜のサラダ

味つけは酸味のあるポン酢しょうゆで簡単に

（味）ポン酢　（調理）ゆでる

材料 2人分

芽ひじき（乾燥）… 大さじ1と1/2
小松菜 … 1束
紫玉ねぎ（または玉ねぎ）… 1/4個
塩 … 少々
A オリーブ油 … 大さじ2
　ポン酢しょうゆ … 大さじ1
　塩 … ひとつまみ

作り方

1 ひじきはたっぷりの水に15分ほど浸して戻す。紫玉ねぎは横半分に切って縦薄切りにする。

2 鍋にたっぷりの湯を沸かして塩を入れ、小松菜を茎から入れてさっとゆでる。冷水にとり、冷ます。続けて同じ湯でひじきをさっとゆで、ざるに上げて冷ます。小松菜は水けをしぼり、4cm幅に切る。

3 ボウルにAを混ぜ、2、紫玉ねぎを加えてあえる。

☑ まめちしき　小松菜は、ほうれん草やチンゲンサイに代えても。チンゲンサイの場合は茎が太いのでバラバラにしてから同様にゆでればOK。

鮭ときのこの
チーズホイル蒸し

ごはん（おにぎりにしても）

豆苗とベーコンの
コンソメスープ

フライパンで主菜を蒸している間に、ささっと作れるスープを調理。これで、およそ20分で段取りよく献立が完成します。

4

鮭ときのこのチーズホイル蒸し

包むことで素材のうまみがギュッと濃縮

味 ケチャップ　調理 蒸す

材料 2人分

生鮭 … 2切れ (200g)
しめじ … 1パック
ピザ用チーズ … 50g
塩 … 小さじ1/4
粗びき黒こしょう … 少々
トマトケチャップ … 適量
レモンのくし形切り … 2切れ

作り方

1 鮭は塩をふって5分ほどおき、水けをふく。しめじは小房に分ける。

2 30×40cmに切ったアルミホイルを2枚用意する。それぞれにしめじ、鮭を半量ずつ順にのせ、黒こしょうをふってトマトケチャップを絞る。ピザ用チーズをのせ、アルミホイルをしっかりと閉じる。

3 フライパンに2を並べ、フチから水1カップを注いでふたをする。中火にかけ、7分ほど蒸す。アルミホイルごと器に盛り、レモンを添える。

副菜

豆苗とベーコンのコンソメスープ

ベーコンのコクを生かして味わい深く

味 塩　調理 煮る

材料 2人分

ベーコン … 2枚
豆苗 … 1パック
A 水 … 2カップ
　洋風スープの素(顆粒) … 小さじ2
　塩 … 小さじ1/3
　こしょう … 少々

作り方

1 豆苗は根元を切り落とし、3cm幅に切る。ベーコンは1cm幅に切る。

2 鍋にAを混ぜ、中火にかける。煮立ったら1を加え、豆苗がしんなりとするまでさっと煮る。

✏ 段取りメモ

❶ 主菜 & 副菜 下ごしらえ
❷ 主菜 蒸す
❸ 副菜 煮る

☑ まめちしき　生鮭は、サーモンに代えてももちろんOK。**ホイル焼きは炒め油を使わないので、その分ヘルシー！** ホイルごと器に盛れば、器も汚れないので後片づけもラク。

パン

クラムチャウダー

ボリューム満点の
クリーミーなスープには、
紫キャベツのマリネで
フレッシュ感をプラス。
スープの白と緑、マリネの紫で、
食卓も華やか！

紫キャベツのマリネ

✏️ 段取りメモ

❶ 主菜 & 副菜 下ごしらえ

❷ 主菜 煮る

❸ 副菜 あえる

殻つきあさりの濃厚なうまみがおいしさのカギ

クラムチャウダー

（味 牛乳） （調理 煮る）

材料 2人分

あさり（砂抜き済み）… 200g
じゃがいも … 1個（150g）
玉ねぎ … 1/4個
ブロッコリー … 1/3株（100g）
にんにく … 1/2かけ
バター … 20g
小麦粉 … 小さじ2
A 牛乳、水 … 各1カップ
　｜ 塩 … 小さじ1/4
　└ こしょう … 少々

作り方

1 あさりは殻と殻をこすり合わせながら洗い、水けをきる。じゃがいも、玉ねぎは1cm角に切る。ブロッコリーは小さめの小房に分ける。にんにくはみじん切りにする。

2 鍋にバターを中火で溶かし、にんにくを炒める。香りが立ったらじゃがいも、玉ねぎを加え、透き通ってくるまで炒める。小麦粉を加え、粉っぽさがなくなるまで炒める。

3 A、ブロッコリーを加え、じゃがいもがやわらかくなるまで7分ほど煮る。あさりを加え、殻が開くまで煮る。

さわやかなレモンですっきり味に仕立てて

紫キャベツのマリネ

（味 塩） （調理 あえる）

材料 作りやすい分量

紫キャベツ（またはキャベツ）
　… 1/4個（250g）
塩 … 小さじ1/4
A オリーブ油 … 大さじ2
　｜ レモン汁 … 大さじ1/2
　｜ 塩 … 小さじ1/4
　└ こしょう … 少々

作り方

1 紫キャベツは短めのせん切りにする。塩をふってざっと混ぜ、10分ほどおく。

2 ボウルにAを混ぜる。1の水けをしぼって加え、あえる。

＊清潔な保存容器に入れ、冷蔵室で4〜5日保存可能。お弁当にもおすすめ。

☑ まめちしき あさりは加熱しすぎると身が縮んで小さくなってしまいます。じゃがいもがやわらかくなったら加え、殻が開いたら火を止めて。

かに玉風

ハムと大根のごまサラダ

ごはん

主菜のかに玉は、かにかまを使って
お財布にやさしく、お手軽に。
シャキシャキとしたサラダで
食感にメリハリをつけます。

50

主菜

かに玉風

甘酢あんをかけて、おいしさ＆食べごたえアップ！

（味 しょうゆ）（調理 焼く）

材料 2人分

卵 … 4個
かに風味かまぼこ … 100g
塩 … 小さじ1/4
サラダ油 … 大さじ2
A 水 … 1/3カップ
　鶏ガラスープの素
　　… 小さじ2
　砂糖、しょうゆ、酢
　　… 各大さじ1
B 片栗粉 … 小さじ1
　水 … 小さじ2
ごま油 … 少々

作り方

1 かに風味かまぼこは粗くほぐす。卵は溶きほぐし、塩、かに風味かまぼこを加えて混ぜる。Bは混ぜ合わせる。

2 直径20cmほどのフライパンにサラダ油を強めの中火で熱し、1の卵液を流し入れる。へらで大きく混ぜ、半熟状になったら形を整えながら1分ほど焼く。皿をかぶせてフライパンごと上下を返し、すべらせるようにしてフライパンに戻し入れる。形を整えながらさっと焼き、器に盛る。

3 2のフライパンをふいてきれいにし、Aを入れて混ぜ、中火にかける。煮立ったらBの水溶き片栗粉を再度混ぜてから加える。混ぜながらとろみをつけ、ごま油を回し入れ、2にかける。

副菜

ハムと大根のごまサラダ

ごまのぷちぷちとした食感が楽しい

（味 塩）（調理 あえる）

材料 2人分

ロースハム … 2枚
大根 … 1/5本(200g)
A ごま油 … 大さじ1
　塩 … 小さじ1/3
　こしょう … 少々
白いりごま … 小さじ1

作り方

1 ハムは1cm幅に切る。大根は縦1cm厚さに切り、切り口を下にして端から薄切りにする。

2 ボウルにAを混ぜ、1を加えてあえる。白いりごまを加え、さっと混ぜる。

✏️ **段取りメモ**

❶ 主菜 ＆ 副菜 下ごしらえ
❷ 副菜 あえる
❸ 主菜 焼いてあんかけを作る

☑️ **まめちしき** かに玉風は、**多めの油を強めの火かげんで充分に熱してから、卵液をIN。**
細かく混ぜず、ゆっくり大きく混ぜることで、ふんわりやわらかな口当たりに。

パン

アボカドグラタン

ベーコンとアスパラの卵炒め

下ごしらえが終わったら、まずはグラタンをトースターで焼き始めます。手があいたところで主菜を炒めれば、どちらもあつあつで食べられます。

✏ 段取りメモ

① 主菜 & 副菜 下ごしらえ

② 副菜 トースターで焼く

③ 主菜 炒める

ベーコンとアスパラの卵炒め

炒めた卵は最後に合わせ、ふわふわ感をキープ

味 塩 **調理** 炒める

材料 2人分

卵 … 4個
ベーコン … 3枚
グリーンアスパラガス … 4〜5本
A 牛乳 … 大さじ1
　 塩 … 小さじ1/4
　 こしょう … 少々
サラダ油 … 大さじ1
バター … 10g
塩 … 少々

作り方

1 グリーンアスパラガスは根元のかたい部分をピーラーでむき、1cm幅の斜め切りにする。ベーコンは5cm幅に切る。卵は溶きほぐし、Aを加えて混ぜる。

2 フライパンにサラダ油を中火で熱し、卵液を流し入れる。へらで大きく混ぜ、半熟状になったら取り出す。

3 2のフライパンにバターを中火で溶かし、アスパラガス、ベーコンを入れて1分ほど炒める。アスパラガスが鮮やかな色になったら2を戻し入れ、さっと炒め合わせて塩で味をととのえる。

アボカドグラタン

ツナマヨとまろやかなアボカドが溶け合う

味 マヨネーズ **調理** トースター

材料 2人分

ツナ缶 … 1缶 (70g)
アボカド … 1個
A マヨネーズ … 大さじ1と1/2
　 塩、こしょう … 各少々
マヨネーズ … 適量
粗びき黒こしょう … 少々

作り方

1 アボカドは縦半分に切って種を除く。ツナ缶は汁をきってボウルに入れ、Aを加えて混ぜる。

2 天板にアボカドを並べ、アボカドの穴に1のツナを入れ、マヨネーズを絞る。オーブントースターでマヨネーズがこんがりとするまで5〜6分焼く。器に盛り、黒こしょうをふる。

☑ **まめちしき** 卵炒めのアスパラは、**絹さや**(筋をとって斜め半分に切る)、**パプリカ**(細切り)、**ゆでたさやいんげん**(3〜4cm長さに切る)などに代えてもおいしいです。

こっそり聞きたい 料理のきほん

料理を作っているときにギモンが出たら、こちらをチェックしてみよう！

Q1 分量用語がよくわからない…。

「少々」は親指と人さし指の2本で軽くつまんだ量で、約小さじ1/8。「ひとつまみ」は親指と人さし指、中指の3本で軽くつまんだ量で、約小さじ1/5です。「適量」は食材にまぶす粉類や衣、揚げ物の油の量など、一概に分量を表示できないときに使われます。加減しながら調節を。

Q2 調味料はひとつずつ加える？ 混ぜてから加える？

炒めものなどのように手早く調味したい料理は、調味料をあらかじめ混ぜておきます。炒めはじめてからあわてずにすみ、味もムラなく仕上がります。調理時間が長い煮ものなどの場合は、ひとつずつ順に鍋に加えていき、入れ終わったらざっと混ぜましょう。

Q4 「煮立てる」ってどんな状態？

火にかけた煮汁や水の表面が、ぐらぐらと泡立って沸騰した状態になること。あとは料理によって、煮立った状態を保ちながらゆでたり、火を弱めて煮たり、火を止めたりします。ちなみに「ひと煮立ち」とは、ぐらっとひと呼吸沸騰させることです。

Q6 あると便利なおすすめ調理器具は？

包丁の扱いに慣れていない人におすすめなのが、野菜の皮がラクにむけるピーラーや、せん切りや薄切りが手早くできるスライサー。スピードと効率アップに役立ちます。トングは、具材をがっちりとつかめるので、焼いた肉を裏返したり、パスタをあえたりするときに便利。

Q3 野菜を切る"向き"って重要？

一般的に、繊維に沿って切ると歯ごたえよく、逆に繊維に直角に切るとやわらかい食感になります。玉ねぎなら、煮るときは繊維に沿って切ると形がくずれにくく、食感も残ります。こんがり焼いたり、炒めたりするときは繊維に直角に切ると、短時間で火が通り、甘みが引き立ちます。

Q5 持っておくと便利なフライパン＆鍋のサイズは？

フライパンは、2人分の主菜を作るのに最適なのが直径26cm。小さめのおかず用に、直径20cmのものもあると理想的です。ふた付きで、焦げつきにくいフッ素樹脂加工のものがおすすめ。鍋は、2人分の煮ものやスープを作るのにちょうどいい直径18cmのものを選んで。

2章

いつもの食材で
3変化

豚こまや鶏むねなど、スーパーに行くと
毎回カゴに入れる食材、ありませんか?
"いつも似たような料理になりがち"
という悩みも聞こえてきます。
この章では、よく買う食材を相性の良いコンビにして、
まったくタイプの違う3種の献立にしてみました。

食材コンビ BEST 6

よく買う食材をムダなく上手に使いきるにも、「献立力」が役に立つ！

①

豚こま×キャベツ

→P.58〜

使いやすさ＆コスパNO・1！の豚こま切れ肉と、さっと炒めても煮込んでもおいしいキャベツのコラボ。豚肉のうまみをしっかりキャベツに移します。

②

鶏むね×きのこ

→P.64〜

淡白な鶏むね肉が、きのこのおかげでうまみ＆香り豊かにレベルアップ。きのこは2種かけ合わせると、うまみの相乗効果でさらに奥深い味に仕上がります。

③

ひき肉×大根

→P.70〜

そのまま炒めたり、丸めて焼いたりできるひき肉。切っても、おろしてもおいしい大根。いろいろな形に調理できて、バリエの幅も広がります。

56

豚バラ×なす

→P.76〜

豚バラ肉の強いうまみやコクを、なすが余すことなくしっかりキャッチ！"ごってり"や"ピリ辛"などのパンチのある味つけが、好相性です。

鶏もも×じゃがいも

→P.82〜

肉厚でジューシーな鶏もも肉とほくほくのじゃがいものり合わせは、食べごたえ抜群。どんな調理も味つけも受け止める、懐の深さが魅力です。

鮭×玉ねぎ

→P.88〜

切り身の鮭は、さばかずに手軽に使えるのがいいとこ。玉ねぎの"生でシャキシャキ""加熱してやわらか"という食感の変化を生かして、マンネリ化を防ぎます。

ひとつのコンビにつき、3パターンの主菜をご紹介。和、洋、中、エスニックなど、味わいが異なるから、2日間同じ食材を使っても飽きずにおいしい献立に！

57

豚こま×キャベツ

0

和の献立

レモンのさわやかさで豚こまがさっぱりと食べられます。きのこのみそ汁を添えれば、栄養バランスもばっちり。

豚こまとキャベツの
レモン昆布蒸し

ごはん

きのこのみそ汁

🖊 **段取りメモ**

❶ 主菜 & 副菜 下ごしらえ

❷ 副菜 煮る

❸ 主菜 蒸す

58

味つけは塩昆布の力を借りて手軽に

豚こまとキャベツのレモン昆布蒸し

味 塩 調理 蒸す

材料 2人分

豚こま切れ肉 … 150g
キャベツ … 1/3個(300g)
A ごま油 … 大さじ1
└ 塩 … 小さじ1/4
塩昆布 … 大さじ2
レモンの輪切り … 4枚

作り方

1 キャベツは長さ5〜6cm、幅1cm に切る。豚肉にAをもみ込んでおく。

2 フライパンにキャベツ、豚肉を重ね入れ、塩昆布を散らしてレモンをのせる。フライパンのフチから水大さじ1を加えてふたをし、中火にかけて4分ほど蒸す。

3 ふたを取り、ざっくりとあえて器に盛る。

2種類のきのこでうまみたっぷり

きのこのみそ汁

味 みそ 調理 煮る

材料 2人分

えのきたけ … 1/2パック
しいたけ … 3枚
だし汁 … 2カップ
みそ … 大さじ1と1/2

作り方

1 えのきたけは粗くほぐし、半分の長さに切る。しいたけは薄切りにする。

2 鍋にだし汁を入れて中火にかけ、煮立ったら1を加えてしんなりするまで煮る。

3 みそを溶き入れる。

☑ まめちしき　昆布蒸しは**キャベツの上に豚肉を重ねる**ことで肉がかたくならず、肉のうまみがキャベツにしみておいしくなります。

かぼちゃの
ナッツサラダ

いつものトマト煮を
カレー風味にアレンジ。
こっくりとしたかぼちゃに
くるみの食感が楽しい
サラダを添えましょう。

パン

豚こまとキャベツの
カレートマト煮

✏ 段取りメモ

❶ 主菜 下ごしらえして煮る
❷ 副菜 下ごしらえしてあえる

60

豚こまとキャベツのカレートマト煮

トマト煮は豚こま使用で新鮮なおいしさに！

かぼちゃのナッツサラダ

くるみの食感を楽しむ

味 トマト＋カレー　**調理** 煮る

材料 2人分

豚こま切れ肉 … 150g
キャベツ … 1/4個（250g）
にんにく … 1かけ
塩、こしょう … 各少々
小麦粉、オリーブ油 … 各大さじ1
カレー粉 … 小さじ2
A ローリエ … 1枚
　├ ホールトマト缶 … 1缶（400g）
　├ 水 … 1と1/4カップ
　└ 塩 … 小さじ1/2

作り方

1 豚肉は塩、こしょうをふって小麦粉をまぶす。キャベツは3cm角に切る。にんにくは薄切りにする。

2 フライパンにオリーブ油、にんにくを入れて中火で熱する。香りが立ったら豚肉を入れ、肉の色が変わるまで炒める。カレー粉を加え、粉っぽさがなくまるまで炒める。

3 キャベツを加えてざっと炒め、Aを加える。煮立ったら弱めの中火にし、ときどき上下を返しながら15分ほど煮る。

味 マヨネーズ　**調理** 電子レンジ

材料 2人分

かぼちゃ … 1/6個（正味200g）
くるみ（素焼き） … 20g
A マヨネーズ … 大さじ2
　└ 塩、こしょう … 各少々

作り方

1 かぼちゃは一口大に切る。皮を下にして口径18cmほどの耐熱ボウルに入れ、ふんわりとラップをかける。竹串がスーッと通るまで電子レンジで4分ほど加熱する。

2 熱いうちにフォークで粗くつぶす。くるみ、Aを加えてあえる。

☑ **まめちしき** かぼちゃのレンジ加熱は皮を下にすることで均等に火が通ります。サラダにはレーズンやクリームチーズを入れても◎。

中華の王道
ホイコーローを、
みそで深みのある味に
仕上げましょう。
冷奴はキムチをのっけるだけで
ごはんの進む一品に。

みそホイコーロー

ごはん

キムチ冷奴

みそホイコーロー

シャキシャキキャベツとうまみみそ味でごはんが進む

（味）みそ　（調理）炒める

材料　2人分

豚こま切れ肉 … 150g
キャベツ … 1/4個（250g）
ピーマン … 2個
にんにく … 1かけ
A　酒、片栗粉 … 各大さじ1/2
└ 塩 … 少々
B　みそ、しょうゆ、酒
　　　　… 各大さじ1
└ 砂糖 … 小さじ1
サラダ油 … 大さじ1
豆板醤 … 小さじ1

作り方

1　豚肉にAをもみ込んでおく。キャベツは太い芯を除いて大きめの一口大に、ピーマンは一口大に切る。にんにくは薄切りにする。Bは混ぜ合わせる。

2　フライパンにサラダ油、にんにく、豆板醤を入れて中火で熱し、香りが立ったら豚肉を加えて炒める。肉の色が変わったらキャベツ、ピーマンを加え、水大さじ1/2をフライパンのフチから加えてふたをし、1分ほど蒸す。

3　ふたを取り、キャベツが少ししんなりとするまで炒め、Bを加えてさっと炒める。

キムチ冷奴

ごま油としょうゆで香りよく

（味）キムチ　（調理）のせるだけ

材料　2人分

絹ごし豆腐 … 1丁（300g）
白菜キムチ（カットタイプ）… 50g
A　ごま油 … 大さじ1/2
└ しょうゆ … 小さじ1

作り方

1　豆腐は半分に切って器に盛り、キムチをのせる。Aを混ぜてかける。

✏ 段取りメモ

❶（主菜）下ごしらえ
❷（副菜）下ごしらえして仕上げる
❸（主菜）炒める

☑ まめちしき　ホイコーローは本来、テンメンジャンを使いますが、手軽に家にある普通のみそ味にアレンジ。**キャベツはふたをして少し蒸すと火が通って炒めやすくなります。**

にんじんのからし
マヨサラダ

ほっとするやさしい味わいの
「うま煮」はぜひマスターして。
副菜のサラダはからしマヨであえて、
ピリッとアクセントを効かせましょう。

ごはん

鶏ときのこのうま煮

✎ 段取りメモ

❶ 主菜 & 副菜 下ごしらえ

❷ 主菜 煮る

❸ 副菜 あえる

揚げ煮で満足感抜群！

鶏ときのこのうま煮

味 しょうゆ　**調理** 煮る

材料　2人分

鶏むね肉 … 大1枚 (300g)
まいたけ … 1パック
しいたけ … 2枚
塩 … 少々
酒 … 大さじ1
片栗粉 … 適量
サラダ油 … 大さじ3
A だし汁 … 1カップ
┌ みりん … 大さじ3
└ しょうゆ … 大さじ2

作り方

1 まいたけは食べやすくほぐす。しいたけは半分に切る。鶏肉は一口大のそぎ切りにして塩、酒をもみ込み、片栗粉をまぶす。

2 フライパンにサラダ油を中火で熱して鶏肉を入れ、ときどき上下を返しながら4分ほど揚げ焼きにする。

3 一度火を止め、ペーパータオルでフライパンの油をふきとり、Aを加えて中火にかける。煮立ったらまいたけ、しいたけを加え、しんなりとするまで弱めの中火で4〜5分煮る。

副菜

繊維に沿って縦に切るとシャキシャキ感UP

にんじんのからしマヨサラダ

味 マヨネーズ　**調理** あえる

材料　2人分

にんじん … 1本
塩 … 少々
A マヨネーズ … 大さじ2
┌ 練りがらし … 小さじ1/4
└ 塩 … ひとつまみ

作り方

1 にんじんは5〜6cm長さのせん切りにする。塩をふって5分ほどおき、もんで水けをしぼる。

2 ボウルにAを混ぜ、1を加えてあえる。

☑ まめちしき　**にんじんサラダは作り置きも◎**。たっぷり作っておくとお弁当の色どりやおつまみに重宝します。

外は香ばしく、中はしっとりとした
むね肉にクリームソースがベストマッチ。
副菜はトマトの赤で
食卓に華やかさをプラス。

ごはん

トマトのチーズ焼き

チキンソテー
きのこクリームソース

段取りメモ

1 主菜 & 副菜 下ごしらえ
2 主菜 焼く
3 副菜 トースターで焼く
4 主菜 煮る

66

チキンソテー きのこクリームソース

むね肉が豪華な一品に！ おもてなしにも◎

味 クリーム　調理 焼く

材料 2人分

鶏むね肉 … 大1枚 (300g)
しめじ … 1パック
マッシュルーム … 1/2パック
にんにく … 1/2かけ
塩、こしょう … 各少々
小麦粉 … 適量
オリーブ油 … 大さじ1
白ワイン … 大さじ3
A 生クリーム … 1/2カップ
　│ 水 … 大さじ2
　└ 塩 … 小さじ1/3

作り方

1 しめじは小房に分ける。マッシュルームは薄切りにする。にんにくはみじん切りにする。鶏肉は厚みを半分に切って塩こしょうをふり、小麦粉を薄くまぶす。

2 フライパンにオリーブ油大さじ1/2を中火で熱し、鶏肉を入れる。3分ほど焼いてこんがりとしたら上下を返し、フライパンの端に寄せる。

3 空いたところにオリーブ油大さじ1/2、にんにくを足して炒め、香りが立ったらしめじ、マッシュルームを加え、全体に油が回るまで炒める。白ワインをふってひと煮立ちしたらAを加えて全体を混ぜ、弱めの中火にして軽くとろみがつくまで5〜6分煮る。

トマトのチーズ焼き

材料3つでのせて焼くだけ

味 チーズ　調理 トースター

材料 2人分

トマト … 小2個 (200g)
塩 … 少々
ピザ用チーズ … 60g

作り方

1 トマトは1cm幅の輪切りにする。

2 耐熱皿に1を並べて塩をふる。ピザ用チーズをのせ、オーブントースターでチーズがこんがりとするまで7〜8分焼く。

☑ まめちしき　鶏むね肉はしっとりと仕上げるために**焼く時間、煮る時間、火加減を守りま**しょう。

レンジで蒸したむね肉は、やわらかジューシーで感動もの！副菜にはシャキシャキ食感の炒めものを合わせて。

中華きのこ蒸し鶏

🖊 段取りメモ

1 主菜 & 副菜 下ごしらえ

2 主菜 レンジ加熱

3 副菜 炒める

ごはん

68

箸が止まらない中華風のさっぱりだれ

中華きのこ蒸し鶏

味 しょうゆ　調理 電子レンジ

材料 2人分

鶏むね肉 … 1枚 (250g)
えのきたけ … 1パック
しいたけ … 3枚
塩 … 小さじ1/4
A 砂糖、しょうゆ、酢
　　… 各大さじ1
　ごま油 … 大さじ1/2
　練りがらし … 小さじ1/2
酒 … 大さじ1

作り方

1 鶏肉は塩をすり込み、室温に15分おく。えのきたけは6等分にする。しいたけは薄切りにする。Aは混ぜ合わせる。

2 耐熱皿にえのきたけ、しいたけを広げ、鶏肉をのせる。酒をふり、ふんわりとラップをかけて電子レンジで3分ほど加熱する。鶏肉の上下を返してもう一度ラップをかけ、2分ほど加熱する。ラップをかけたまま15分ほどおいて余熱で火を通す。

3 鶏肉を食べやすく切って器に盛り、きのこを添える。Aをかける。

※鶏むね肉は一番厚い部分が3cm以内になるように、分厚い場合は厚みに包丁で切り目を入れ、開いて使用する。

副菜

ごま油の香りが引き立つ

チンゲンサイの塩炒め

味 塩　調理 炒める

材料 2人分

チンゲンサイ … 1株
赤とうがらし … 1/2本
ごま油 … 大さじ1/2
塩 … ひとつまみ

作り方

1 チンゲンサイは長さ3等分に切り、軸は芯をつけたまま薄いくし形切りにする。赤とうがらしは小口切りにする。

2 フライパンにごま油、赤とうがらしを入れて中火で熱し、チンゲンサイの軸を加えて炒める。透き通ってきたら残りのチンゲンサイ、塩を加えてさっと炒める。

☑ まめちしき　鶏肉は室温においてからレンジ加熱することで中まで火が通りやすくなります。レンジ調理は具材の量によって加熱時間が変わるので、分量を守りましょう。

おろしポン酢でさっぱりと
食べられる鶏つくね。
ポテサラは、
食材も調味料もたったの
2つで手軽に！

和風ゆずこしょう
ポテサラ

おろし鶏つくね

ごはん

🖊 段取りメモ

① 副菜 じゃがいもをレンジ加熱
② 主菜 下ごしらえ
③ 副菜 あえる
④ 主菜 焼く

70

おろし鶏つくね

一味をふれば晩酌にも持ってこい

味 ポン酢　**調理** 焼く

材料 2人分

鶏ひき肉 … 250g
大根 … 5cm(150g)
A 長ねぎのみじん切り
　　… 1/4本分
　片栗粉、酒 … 各大さじ1/2
　塩 … 小さじ1/4
サラダ油 … 大さじ1/2
ポン酢しょうゆ … 適量
一味とうがらし(好みで) … 適量

作り方

1 大根はすりおろし、ざるに上げて水けをきる。ボウルにひき肉、Aを入れて粘りが出るまで練り混ぜる。8等分にし、空気を抜いて厚さ1.5cmほどの小判形にととのえる。

2 フライパンにサラダ油を中火で熱し、生地を並べ入れる。2分ほど焼いてこんがりとしたら上下を返し、ふたをして弱火で2分ほど蒸し焼きにする。

3 器に盛り、大根おろしをのせる。ポン酢しょうゆをかけ、一味とうがらしをふる。

副菜

和風ゆずこしょうポテサラ

じゃがいもはレンチンでむっちり食感に

味 マヨネーズ　**調理** 電子レンジ

材料 2人分

じゃがいも … 小2個(250g)
青じそ … 5枚
A マヨネーズ … 大さじ3
　ゆずこしょう … 小さじ1/2

作り方

1 じゃがいもは1個ずつラップに包む。電子レンジで3分ほど加熱し、上下を返して2分ほど加熱する。皮をむいてボウルに入れ、フォークで粗くつぶして粗熱をとる。

2 1にAを加えて混ぜ、青じそを小さくちぎりながら加えてざっとあえる。

☑ **まめちしき** ポテサラは、ゆずこしょうがなければ**塩ふたつまみ、酢とオリーブ油各小さじ1/2にしても。**

ごはん

肉みそ大根ステーキ

今日の主役は"大根"！肉みそをのせれば、
あっさりだけど食べごたえ抜群に。
炒めたきゅうりのおいしさはぜひ味わってみて。

きゅうりと玉ねぎの
オイスター炒め

📝 段取りメモ

❶ 主菜 & 副菜 下ごしらえ

❷ 主菜 大根をレンジ加熱

❸ 副菜 炒める

❹ 主菜 大根を焼いて肉みそを炒める

肉みそ大根ステーキ

ヘルシーな大根で罪悪感ゼロの主役メニュー

きゅうりと玉ねぎのオイスター炒め

炒めることで青くささが消え食べやすくなる

味 みそ　調理 焼く

材料 2人分

豚ひき肉 … 120g
大根 … 12cm(500g)
にんにく … 1/2かけ
塩、粗びき黒こしょう … 各少々
A みそ、みりん
　└ … 各大さじ1と1/2
　　豆板醤 … 小さじ1/2
サラダ油 … 小さじ2
糸とうがらし(あれば) … 適量

作り方

1 大根は2cm厚さの輪切りに6枚切り、厚めに皮をむいて切り口(両面)に格子状に切り込みを入れる。耐熱皿にのせて水大さじ1をふり、ふんわりとラップをかける。電子レンジで5分30秒ほど加熱する。冷水にとって冷まし、ペーパータオルで水けをふいて塩、黒こしょうをふる。にんにくはみじん切りにする。Aは混ぜ合わせる。

2 フライパンにサラダ油小さじ1を中火で熱し、大根を入れて両面こんがりとするまで2分ずつ焼き、器に盛る。

3 2のフライパンにサラダ油小さじ1を中火で熱し、ひき肉を入れてほぐしながら炒める。肉の色が変わったらAを加え、均等に混ざったら2の大根にかける。糸とうがらしをのせる。

味 オイスターソース　調理 炒める

材料 2人分

きゅうり … 1本
玉ねぎ … 1/2個
A オイスターソース
　└ … 大さじ1
　　ごま油 … 小さじ1
　　酢 … 小さじ1/2
サラダ油 … 小さじ1

作り方

1 きゅうりは斜め薄切りに、玉ねぎは1cm幅のくし形切りにする。Aは混ぜ合わせる。

2 フライパンにサラダ油を中火で熱し、きゅうり、玉ねぎを入れて炒める。しんなりとしたらAを加え、さっと炒める。

☑ まめちしき　大根ステーキは、**レンジでしっかり火を通しておき、フライパンでは両面を焼くだけに。**こんがりとするまで動かさずに焼くのがポイント。

ひき肉と大根の
エスニック炒め

ごはん

えびと春雨の
レモンスープ

あえて2品ともにナンプラーを使うことで
エスニックの統一感を出します。
大根は食感を大事に炒め、
スープには春雨を入れて
満足感をUP。

✏️ 段取りメモ

❶ (主菜) & (副菜) 下ごしらえ
❷ (副菜) 煮る
❸ (主菜) 炒める

74

ひき肉と大根のエスニック炒め

大根は塩もみすることでシャキッとした食感に

味 ナンプラー＋砂糖　　調理 炒める

材料　2人分

合いびき肉 … 150g
大根 … 大1/3本(400g)
パクチー … 1株
塩 … 小さじ1/4
Ａ ナンプラー … 大さじ1
└ 砂糖 … 小さじ1
サラダ油 … 小さじ1

作り方

1 大根は長さ6cm、太さ1cmの棒状に切ってボウルに入れる。塩をふってざっと混ぜ、5分ほどおいて水けをしぼる。パクチーは1cm幅に刻む。Ａは混ぜ合わせる。

2 フライパンにサラダ油を中火で熱し、ひき肉を炒める。肉の色が変わったら大根を加えて炒め、油が回ったらＡを加えてさっと炒める。

3 器に盛り、パクチーをのせる。

副菜

えびと春雨のレモンスープ

プリプリのえびがうれしい

味 ナンプラー＋レモン　　調理 煮る

材料　2人分

むきえび … 12尾(100g)
緑豆春雨(乾燥) … 30g
レモンの半月切り … 2枚
Ａ 水 … 2と1/2カップ
│ ナンプラー … 大さじ1
│ 鶏ガラスープの素 … 小さじ2
└ レモン汁 … 小さじ1

作り方

1 むきえびは背ワタがあればとり除いて洗う。

2 鍋にＡを混ぜ、中火にかける。煮立ったら春雨を加えて、袋の表示時間通りにゆでる。ゆであがる1分前にえびを加えて煮る。器に盛り、レモンを添える。

☑ まめちしき　えびは背ワタをとった後ボウルに入れ、**片栗粉小さじ1程度とひたひたの水を入れてもんで流水で洗う**と汚れがよくとれ、くさみも抜けておいしくなります。

ごはん

水菜としらすの
オリーブじょうゆ

なすのうまみそ肉巻き

こっくりとしたみそだれが
おいしい肉巻きには、
しょうゆベースのさっぱり
和風サラダを組み合わせましょう。

76

ジューシーななすがたまらない！

なすのうまみそ肉巻き

味 みそ　　**調理** 焼く

材料 2人分

豚バラ薄切り肉 … 8枚 (約150g)
なす … 3本
A おろしにんにく … 少々
　　みそ、みりん
　　　… 各大さじ1と1/2
サラダ油 … 小さじ1
バター … 10g
青じそ、白いりごま (あれば)
　　… 各適量

作り方

1 なすは縦に8つ割りにする。豚肉1枚を広げ、なす3切れをのせてらせん状に巻く。残りも同様に巻く。Aは混ぜ合わせる。

2 フライパンにサラダ油を中火で熱し、肉巻きの巻き終わりを下にして並べ、2分ほど焼く。巻き終わりがくっついてこんがりとしたら上下を返し、水大さじ4を回し入れてふたをし、弱めの中火で6分ほど蒸す。

3 余分な油をペーパータオルでふきとり、バター、Aを加え、強火にして照りよくからめる。器に盛り、青じそを小さくちぎってのせ、白いりごまをふる。

しんなりとした水菜のおいしさを味わって！

水菜としらすのオリーブじょうゆ

味 しょうゆ　　**調理** あえる

材料 2人分

水菜 … 1/2束
しらす干し … 大さじ4 (30g)
削り節 … 小1袋 (2g)
A オリーブ油 … 大さじ1/2
　　しょうゆ … 小さじ1

作り方

1 水菜は3cm幅に切ってボウルに入れる。削り節、Aを加え、しんなりとするまでもむ。

2 しらす干しを加えてさっとあえる。

✏️ 段取りメモ

❶ 主菜 & 副菜 下ごしらえ
❷ 主菜 焼く
❸ 副菜 あえる

☑️ **まめちしき**　肉巻きは**肉の巻き終わりを下にして焼くと、肉と肉がくっつきます。**焼く時間が短かったり、フライパンにしっかり接していないとほどけやすくなるので注意しましょう。

豚バラとなすの
韓国風蒸し

しっとりと蒸し上がった
豚バラ＆なすに甘辛の
コチュジャンだれがぴったり。
副菜は、卵のまろやかさに
キムチのピリッとした辛さをプラスして。

キムチ卵炒め

ごはん

✏️ **段取りメモ**

❶ 主菜 下ごしらえして蒸す
❷ 副菜 下ごしらえして炒める

主菜 フライパンで手軽に蒸し上げる

豚バラとなすの韓国風蒸し

味 コチュジャン 調理 蒸す

材料 2人分

豚バラ薄切り肉 … 150g
なす … 3本
塩 … 少々
A おろしにんにく … 1/2かけ分
  コチュジャン … 大さじ1
  砂糖、ごま油 … 各大さじ1/2
  しょうゆ、酢 … 各小さじ1

作り方

1 なすは1cm幅の斜め薄切りにする。豚肉は7〜8cm幅に切って塩をふる。Aは混ぜ合わせる。

2 フライパンになす、豚肉の順に広げて重ね入れる。水大さじ2を回し入れてふたをし、中火にかけて6分ほど蒸す。

3 ふたを取り、ざっくりと混ぜて器に盛る。Aをかける。

副菜 メイン級の満足感！

キムチ卵炒め

味 キムチ 調理 炒める

材料 2人分

卵 … 3個
白菜キムチ(カットタイプ) … 80g
ごま油 … 大さじ2
しょうゆ … 少々

作り方

1 卵は溶きほぐし、キムチを混ぜる。

2 フライパンにごま油を強めの中火で熱し、1を流し入れる。大きく混ぜながら炒め、半熟状になったら器に盛る。しょうゆをかける。

☑ まめちしき　コチュジャンだれは冷奴や卵炒めにかけたり、やや薄味にしたからあげにからめてヤンニョムチキン風にしても。

中華の定食屋さんをイメージ。
定番のわかめねぎスープを合わせ、
献立に変化が生まれます。
ニラをひとつ足すだけで

豚バラとなすの
中華ニラ炒め

わかめねぎスープ

ごはん

🖊 段取りメモ

❶ 主菜 & 副菜 下ごしらえ

❷ 副菜 煮る

❸ 主菜 炒める

豚バラとなすの中華ニラ炒め

しょうゆで香ばしく炒めた

味 しょうゆ ・ 調理 炒める

材料 2人分

豚バラ薄切り肉 … 120g
なす … 3本
ニラ … 1/2束
A しょうゆ、酒 … 各大さじ1
　砂糖 … 小さじ1
　鶏ガラスープの素 … 小さじ1/2
サラダ油 … 大さじ2

作り方

1 なすは1cm幅の輪切りに、ニラは5cm幅に切る。豚肉は7〜8cm幅に切る。Aは混ぜ合わせる。

2 フライパンになすを入れ、サラダ油を回し入れてからめ、全体に広げる。ふたをして中火にかけ、5分ほど蒸し焼きにする。

3 なすをフライパンの端に寄せ、空いたところで豚肉を炒める。肉の色が変わったらニラを加えて炒め、Aを加えてざっと炒め合わせる。

副菜

わかめねぎスープ

中華味の汁ものは覚えておくと◎

味 塩 ・ 調理 煮る

材料 2人分

カットわかめ … 2g
長ねぎ … 1/2本
A おろしにんにく … 少々
　水 … 2カップ
　鶏ガラスープの素、しょうゆ
　　… 各小さじ1
　塩 … 小さじ1/4

作り方

1 カットわかめはたっぷりの水に浸して戻し、水けをしぼる。長ねぎは1cm幅の斜め切りにする。

2 鍋にAを混ぜ、中火にかける。煮立ったら1を加えてさっと煮る。

☑ まめちしき スープに入れるおろしにんにくは少量でよく効きます。**耳かきの先にのるくらい！** を目安にしてください。

ごはん

小松菜の塩昆布あえ

鶏とじゃがいもの
カレーじょうゆ炒め

カレーじょうゆの香ばしさで箸が
止まらない、新感覚の炒めもの。
しっかり味の主菜には、塩昆布であえた
軽めの青菜がバランス◎。

82

鶏とじゃがいものカレーじょうゆ炒め

じゃがいもは薄く切ると炒めものにぴったり

味 カレー＋しょうゆ **調理** 炒める

材料 2人分

鶏もも肉 … 1枚（300g）
じゃがいも … 2個（300g）
サラダ油 … 大さじ1/2
カレー粉 … 小さじ1
A しょうゆ、みりん
└ … 各大さじ1と1/2
青のり（あれば）… 適量

作り方

1 じゃがいもは1cm幅の半月切りにする。鶏肉は小さめの一口大に切る。

2 フライパンにサラダ油を中火で熱し、鶏肉の皮目を下にして入れ、じゃがいもも入れて3分ほど焼く。こんがりとしたら上下を返し、ふたをして弱火で2～3分蒸し焼きにする。

3 ふたを取って中火にし、カレー粉を加えて炒める。粉っぽさがなくなったらAを加え、照りよくからめる。器に盛り、青のりをふる。

副菜

小松菜の塩昆布あえ

塩昆布で味が決まりやすい

味 塩 **調理** ゆでる

材料 2人分

小松菜 … 小1束
塩昆布 … 5g
塩 … 適量

作り方

1 鍋にたっぷりの湯を沸かして塩少々を入れ、小松菜を茎から入れてさっとゆでる。しんなりとしたら冷水にとって冷まし、水けをしぼって4cm幅に切る。

2 ボウルに1と塩昆布、塩少々を入れてあえる。

✏️ **段取りメモ**

❶ 主菜 & 副菜 下ごしらえ
❷ 副菜 ゆでてあえる
❸ 主菜 炒める

☑️ **まめちしき** じゃがいもを蒸し焼きにしたら、**竹串を刺してみてすーっと通るかチェック！**
ちょっとした厚みや火加減で火の通りが変わるので、かたさを確認しましょう。

パン

皮ぱり
チキンソテーと
じゃがバター

チキンソテーは
皮目をしっかり焼いた
皮ぱり食感がおいしい！
チーズの風味が決め手の
ホットブロッコリーを添えて。

ホットブロッコリー

✏️ **段取りメモ**

❶ 主菜 鶏肉の下ごしらえをして焼く

❷ 主菜 じゃがいもをレンジ加熱

❸ 副菜 下ごしらえして蒸す

84

香ばしいチキンとほっくりじゃがの鉄板コンビ

皮ぱりチキンソテーとじゃがバター

味 塩 **調理** 焼く

材料 2人分

鶏もも肉 … 小2枚 (400g)
じゃがいも … 小2個 (250g)
レモンの輪切り … 2枚
塩 … 小さじ1/2
粗びき黒こしょう … 適量
サラダ油 … 小さじ1
バター … 20g

作り方

1 鶏肉は余分な脂肪をとって筋を切り、塩、黒こしょう少々をふる。

2 フライパンにサラダ油を中火で熱し、**1**の皮目を下にして入れる。ときどきトングで押さえ、出てきた脂をペーパータオルでふきながら、こんがりとして肉のフチが白っぽくなるまで10分ほど焼く。

3 じゃがいもは1個ずつラップに包む。電子レンジで3分ほど加熱し、上下を返して2分ほど加熱する。**2**の上下を返し、弱火で2〜3分焼いて器に盛り、レモンを添える。

4 じゃがいもは十字に切り込みを入れて**3**の鶏肉に添え、バターをのせて黒こしょうをふる。

蒸し焼きブロッコリーにくるみがアクセント

ホットブロッコリー

味 チーズ **調理** 蒸す

材料 2人分

ブロッコリー … 小1株 (200g)
くるみ … 15g
塩 … ひとつまみ
水 … 1/3カップ
粉チーズ、オリーブ油
　　… 各適量

作り方

1 ブロッコリーは軸を長めに切って小房に分け、大きいものはさらに半分に切る。

2 フライパンに**1**を入れて塩をふり、水を回し入れてふたをする。中火にかけ、そのまま4分ほど蒸す。ふたを取って余分な水分を飛ばしながら軽く焼き色がつくまで焼く。

3 器に盛り、くるみを手で割って散らし、粉チーズをふってオリーブ油をかける。

☑ **まめちしき** チキンソテーは**皮目をしっかりじっくり焼き、ふたをせずに火を通す**ことでパリッと仕上がります。

ごはん

鶏とじゃがいもの
コチュジャン煮

わかめ豆腐

甘辛のたれがよく煮からまった
じゃがいもがたまらない一品。
栄養や美容の面から
手に取ることが多い豆腐は、
ちぎってあえると
いつもと違う表情に。

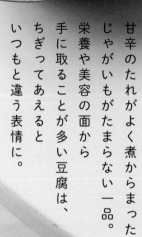

✏️ **段取りメモ**

❶ 主菜 & 副菜 下ごしらえ

❷ 主菜 炒めて煮る

❸ 副菜 あえる

86

鶏とじゃがいものコチュジャン煮

ビールが進む最強の甘辛味！

副菜

わかめ豆腐

豆腐は手でちぎるとまんべんなく味がからみます

味 コチュジャン 調理 煮る

材料 2人分

鶏もも肉 … 1枚（250g）
じゃがいも … 2個（300g）
長ねぎ（青い部分も）… 1本
A コチュジャン … 大さじ2
　│ しょうゆ … 大さじ1と1/2
　│ 砂糖 … 大さじ1
　│ 水 … 1と1/2カップ
　└ 粉とうがらし（あれば）… 少々
ごま油 … 大さじ1/2

作り方

1 じゃがいもは4つ割りにする。長ねぎは1cm幅の斜め切りにする。鶏肉は一口大に切る。Aは混ぜ合わせる。

2 フライパンにごま油を中火で熱し、鶏肉、じゃがいも、長ねぎを入れ、肉の色が変わるまで炒める。

3 Aを加え、煮立ったら落としぶたをして弱めの中火で12〜13分煮る。

味 塩 調理 あえる

材料 2人分

木綿豆腐 … 小1丁（200g）
カットわかめ … 5g
A ごま油 … 大さじ1と1/2
　└ 塩 … 小さじ1/3
白いりごま … 適量

作り方

1 豆腐は小さめの一口大にちぎってペーパータオルに挟み、5分ほどおいて水けをおさえる。わかめはたっぷりの水に5分ほど浸して戻し、水けをしぼる。

2 ボウルに1とAを入れてあえる。器に盛り、白いりごまをふる。

☑ まめちしき 「粉とうがらし」とは韓国料理に使われる、辛味が少なく甘みのある品種のとうがらしを粉状に挽いたもの。なければ一味とうがらし少々で代用してください。**一味の方が辛いので量は加減して。**

少し濃いめの味に仕上げた鮭と、
素材のままの玉ねぎをぜひ一緒に食べてください。
かぼちゃのみそ汁には豆板醤を入れて
ピリッと新鮮な味わいに。

鮭と玉ねぎの照り焼き

ごはん

かぼちゃの
ピリ辛みそ汁

鮭と玉ねぎの照り焼き

生鮭を使うことでふっくら仕上がります

（味 しょうゆ）（調理 焼く）

材料 2人分

生鮭 … 2切れ (200g)
玉ねぎ … 1個
塩 … 少々
小麦粉 … 適量
A しょうゆ、みりん
　└ … 各大さじ1と1/2
サラダ油 … 小さじ2

作り方

1. 鮭は塩をふって5分ほどおく。水けをペーパータオルでふき、焼く直前に小麦粉を薄くまぶす。玉ねぎは芯がついたまま8等分のくし形切りにする。Aは混ぜ合わせる。

2. フライパンにサラダ油小さじ1を強めの中火で熱し、玉ねぎを入れて焼く。2分ほど焼いてこんがりとしたら上下を返し、ふたをして弱火で3〜4分焼いて取り出す。

3. 2のフライパンにサラダ油小さじ1を中火で熱し、鮭を入れて焼く。3分ほど焼いてこんがりとしたら上下を返し、弱火で3分ほど焼く。余分な油をペーパータオルでふき、Aを加えて照りよくからめる。器に盛り、玉ねぎを添え、フライパンに残ったたれをかける。

副菜

かぼちゃのピリ辛みそ汁

甘みと辛みのバランスが絶妙

（味 みそ）（調理 煮る）

材料 2人分

かぼちゃ … 小1/8個 (正味120g)
だし汁 … 2カップ
みそ … 大さじ1と1/2
豆板醤 … 小さじ1/4

作り方

1. かぼちゃは厚さ1cmのいちょう切りにする。

2. 鍋にだし汁を入れて中火にかけ、煮立ったら1を加え、弱めの中火で3〜4分煮る。みそ、豆板醤を溶き入れる。

🖊️ 段取りメモ

❶ （主菜）&（副菜）下ごしらえ
❷ （副菜）煮る
❸ （主菜）焼く

☑ まめちしき　鮭は塩をふって少しおくと水けが出て、**魚独特のくさみを一緒に抜くことが**できます。

パン

鮭のエスカベッシュ

マカロニレタスサラダ

玉ねぎの風味が効いた
さわやかな酸味の主菜には、
マヨネーズベースで
まろやかな味わいの
マカロニサラダが好相性です。

✐ 段取りメモ

❶ 主菜 & 副菜 下ごしらえ

❷ 副菜 マカロニをゆでる

❸ 主菜 鮭を揚げ焼きにして漬ける

❹ 副菜 あえる

鮭のエスカベッシュ

さっぱりとしていて夏にもぴったり

| 味 | 塩＋レモン | 調理 | 漬ける |

材料　2人分

生鮭 … 2切れ (200g)
玉ねぎ … 1/2個
黄パプリカ … 1/3個
塩 … 小さじ1/4
A オリーブ油 … 大さじ3
　レモン汁 … 大さじ1と1/2
　塩 … 小さじ1/4
　こしょう … 少々
小麦粉 … 適量
サラダ油 … 大さじ3

作り方

1 鮭は3等分のそぎ切りにする。塩をふり、5分ほどおいてペーパータオルで水けをふく。玉ねぎ、パプリカは薄切りにする。

2 バットにAを混ぜ、玉ねぎ、パプリカを入れてあえる。

3 鮭に小麦粉を薄くまぶす。フライパンにサラダ油を中火で熱し、鮭を入れる。2〜3度上下を返しながら3分ほど揚げ焼きにする。油をきり、2に加えてからめ、15分ほど漬けてなじませる。

マカロニレタスサラダ

ちぎったレタスにドレッシングがよくからむ

| 味 | マヨネーズ | 調理 | ゆでる |

材料　2人分

マカロニ … 80g
レタス … 2枚 (60g)
オリーブ油 … 小さじ1
塩 … 適量
A マヨネーズ … 大さじ4
　酢 … 小さじ1
　塩 … 小さじ1/4
　こしょう … 少々

作り方

1 鍋にたっぷりの湯を沸かし、塩適量(水1ℓに小さじ2弱が目安)を入れ、マカロニを袋の表示時間通りにゆでる。ざるに上げて水けをきり、ボウルに入れ、オリーブ油をからめて冷ます。

2 レタスは小さめの一口大にちぎる。

3 1のボウルにAを加えてあえ、2も加えてしんなりとするまであえる。

☑ **まめちしき**　エスカベッシュとは地中海料理のひとつで、**揚げたりゆでたりした魚を酸味のあるマリネ液に漬けたものです。**

鮭と玉ねぎの
ナンプラー炒め

シャキシャキ
じゃがいもあえ

ごはん

和食のイメージが強い鮭ですが、
ナンプラーであっというまにエスニック風に。
副菜のじゃがいもはさっとゆでて
シャキシャキの食感を楽しみましょう。

92

鮭と玉ねぎのナンプラー炒め

生鮭は意外な味つけにも合う万能選手

味 ナンプラー 調理 炒める

材料 2人分

生鮭 … 2切れ (200g)
玉ねぎ … 1個
小松菜 … 1/3束
塩 … 少々
A ナンプラー、酒 … 各大さじ1
└ 赤とうがらし (種を除く) … 1本
サラダ油 … 大さじ1/2
小麦粉 … 適量

作り方

1 鮭は一口大に切って塩をふり、5分ほどおいてペーパータオルで水けをふく。玉ねぎは1.5cm幅のくし形切りにする。小松菜は5cm幅に切る。Aは混ぜ合わせる。

2 鮭に小麦粉を薄くまぶす。フライパンにサラダ油を中火で熱し、鮭、玉ねぎを入れて2分ほど焼く。こんがりとしたらざっと上下を返し、さっと焼く。

3 小松菜を加えて炒め、しんなりとしたらAを加えて、さっと炒める。

副菜

シャキシャキじゃがいもあえ

桜えびの風味が香る

味 塩 調理 ゆでる

材料 2人分

じゃがいも … 小2個 (250g)
桜えび … 5g
塩 … 少々
A ごま油 … 大さじ1
└ 塩 … 小さじ1/3

作り方

1 じゃがいもはスライサー (なければ包丁) でせん切りにする。水に5分ほどさらし、水けをきる。

2 鍋にたっぷりの湯を沸かして塩を入れ、じゃがいもを加えて、透き通るまで10秒ほどゆでる。すぐにざるに上げ、氷水にとって冷まし、水けをよくきる。

3 ボウルに2とA、桜えびを入れてあえる。

✏️ **段取りメモ**

❶ 主菜 & 副菜 下ごしらえ
❷ 副菜 ゆでてあえる
❸ 主菜 炒める

☑️ **まめちしき** ほくほく食感に注目しがちなじゃがいもですが、さっとゆでたシャキシャキ食感もおいしい。**透き通ってきたら火の通った合図!**

定番じゃないけど買ってみて!!

家にあると、料理の幅が一気に広がるおすすめのアイテムがこちら!

調味料編

【コチュジャン】

もち米、麹、唐辛子、塩などを原料とし、発酵させたもの。ビビンバや焼き肉、チヂミのたれなどに使われる、韓国料理ではおなじみのみそで、熟成したうまみや辛み、甘みが特徴です。

【ナンプラー】

かたくちいわしを原料にしたタイの魚醤で、濃厚なうまみと独特の香りが特徴です。ナンプラーで調味すれば、サラダや炒めもの、煮もの、スープなどが、一気にアジアンテイストに変身します。

【クミンシード】

セリ科の一年草の種子で、カレーのような風味が特徴のスパイス。炒めものや煮もの、ドレッシングなどに使うと、本格的な味わいに。はじめに油でじっくり炒め、香りを引き出すのがポイントです。

【スイートチリソース】

生春巻きのたれでおなじみ、辛くて甘くてすっぱいソース。餃子や春巻きのたれにしたり、揚げものや豚しゃぶにかけたりしても。サワークリームと混ぜ、フライドポテトのディップにするのもおすすめ。

【ローリエ】

月桂樹の葉を乾燥させたもの。ローレル、ベイリーフとも呼ばれ、すがすがしい香りが特徴です。ピクルスを漬けるとき、スープや煮ものを煮るときに加えると、風味がついて味にぐっと深みが出ます。

3章

がんばらない日の
一皿＋α

毎日カンペキに料理しなくては、
なんて思うとしんどくなってしまうはず。
パスタにサラダを添えただけだって、
立派な献立なんです！
いつもの一皿メニューに1品をプラスした、
がんばらない日の献立をご紹介します。

ツナのトマトソースパスタ

定番のトマトパスタは、ツナのうまみで味に奥行きを出しましょう。存在感のあるアスパラは焼くだけで立派な副菜に！

アスパラの
目玉焼きのっけ

✏️ **段取りメモ**

❶ メイン 湯を沸かす
❷ メイン & 副菜 下ごしらえ
❸ メイン パスタをゆで始めソースを煮る
❹ 副菜 焼く
❺ メイン 仕上げる

おうちによくあるツナ缶と玉ねぎで

ツナのトマトソースパスタ

材料 2人分

スパゲッティ … 160g

ツナ缶 … 1缶（70g）

玉ねぎ … 1/4個

にんにく … 1かけ

オリーブ油 … 適量

ホールトマト缶 … 1缶（400g）

塩 … 適量

こしょう … 少々

粉チーズ … 適量

作り方

1 ツナ缶は汁をきる。玉ねぎ、にんにくはみじん切りにする。

2 たっぷりの湯に塩適量（水2ℓに大さじ1強が目安）を入れ、スパゲッティを袋の表示時間より1分ほど短めにゆでる。途中、ゆで汁大さじ3を取り分けておく。

3 フライパンにオリーブ油大さじ2、にんにくを入れて中火で熱し、香りが立ったら玉ねぎを加えて炒める。しんなりしたらホールトマト缶を加えて木べらで粗くつぶし、ツナも加え、ときどき混ぜながら5〜6分煮つめる。

4 ゆであがったスパゲッティ、取り分けたゆで汁、塩小さじ1/2、こしょう、好みでオリーブ油少々を加えてさっとあえる。器に盛り、粉チーズをかける。

材料 2人分

グリーンアスパラガス … 6本
卵 … 2個
オリーブ油 … 小さじ2
塩 … 適量
粗びき黒こしょう … 少々

作り方

1 グリーンアスパラガスは根元のかたい部分をピーラーでむき、半分の長さに切る。

2 フライパンにオリーブ油小さじ1を中火で熱し、アスパラガスを入れ、ときどき転がしながら軽く焼き色がつくまで2分ほど焼く。器に盛り、塩少々をふる。

3 **2**のフライパンにオリーブ油小さじ1を中火で熱して卵を割り入れ、塩ひとつまみ、黒こしょうをふる。好みの半熟加減になるまで焼き、器に盛ったアスパラガスの上にのせる。

＼ プラス1品 ／
（副菜）

シンプルに焼いてのせるだけ！

アスパラの目玉焼きのっけ

☑ **まめちしき** トマトソースは、**仕上げにオリーブ油を加えるとマイルドになって味がまとまります。**

食欲がないときでも
あっさり食べられると
人気の和風パスタ。
副菜には〝浅漬け〟を
サラダ感覚で。

きのことベーコンの
和風パスタ

白菜ときゅうりの
浅漬け

きのことベーコンの和風パスタ

バターしょうゆのおいしさにノックアウト

材料 2人分

スパゲッティ … 160g
ベーコン … 3枚
しめじ … 1パック
しいたけ … 3枚
玉ねぎ … 1/2個
にんにく … 1かけ
オリーブ油 … 小さじ1
塩 … 適量
A バター … 15g
 ┃ しょうゆ … 大さじ2
 ┗ 塩、こしょう … 各少々

作り方

1 ベーコンは1.5cm幅に切る。しめじは小房に分ける。しいたけは薄切りにする。玉ねぎは横に1cm幅に切る。にんにくは薄切りにする。

2 たっぷりの湯に塩適量(水2ℓに大さじ1強が目安)を入れ、スパゲッティを袋の表示時間より1分ほど短めにゆでる。途中、ゆで汁大さじ4を取り分けておく。

3 フライパンにオリーブ油、にんにくを入れて中火で熱し、ベーコン、しめじ、しいたけ、玉ねぎを炒める。玉ねぎが透き通ってきたら、スパゲッティ、取り分けたゆで汁、Aを加えてさっとあえる。

＼ プラス1品 ／

副菜

白菜ときゅうりの浅漬け

切ってもんだらすぐできる！

材料 作りやすい分量

白菜 … 150g
きゅうり … 1/2本
塩 … 小さじ1

作り方

1 白菜は小さめの一口大に切る。きゅうりは5mm幅の小口切りにする。

2 ポリ袋に1を入れ、塩をふってざっと混ぜ、軽くもむ。空気を抜いて口をとじ、15分ほどおく。水けを軽くしぼって器に盛る。

✏️ **段取りメモ**

❶ (副菜) 下ごしらえして塩でもむ
❷ (メイン) 湯を沸かして下ごしらえ
❸ (メイン) パスタをゆで始める
❹ (副菜) 仕上げる
❺ (メイン) 具材を炒めて仕上げる

☑️ まめちしき パスタの仕上げにゆで汁を加えると、**適度な塩分がつくほか、調味料が手早く全体に行き渡りやすくなります。**

コールスロー

長時間煮込む必要なし！
さっと作れる最強時短のキーマカレー。
コールスローはさまざまな
洋食によく合う付け合わせ界のエースです。

ごはん

なすのキーマカレー

なすのキーマカレー

今すぐにカレーが食べたい!!!を叶える

材料 2人分

合いびき肉 … 200g
なす … 2本
玉ねぎ … 1/2個
にんにく … 1/2かけ
サラダ油 … 大さじ1/2
カレー粉 … 大さじ1
A トマトケチャップ … 大さじ2
　 ウスターソース … 大さじ1
　 塩 … 小さじ1/3
　 水 … 1/2カップ
あたたかいごはん … 適量

作り方

1 なすは1.5cm角に切る。玉ねぎ、にんにくはみじん切りにする。

2 フライパンにサラダ油、にんにくを入れて中火で熱し、香りが立ったら玉ねぎを加え、しんなりするまで2分ほど炒める。ひき肉を加え、ほぐしながら肉の色が変わるまで炒める。なすを加え、しんなりするまで炒める。

3 カレー粉を加えて炒め、粉っぽさがなくなったらAを加える。ときどき混ぜながら、とろっとなじむまで2分ほど炒め煮にする。ごはんとともに器に盛る。

＼ プラス1品 ／

副菜

コールスロー

おうちで簡単にデリの味

材料 2人分

キャベツ … 1/4個 (250g)
紫玉ねぎ … 1/8個
塩 … 小さじ1/4
A マヨネーズ
　 … 大さじ2と1/2
　 砂糖、酢 … 各小さじ1
　 塩 … ひとつまみ
　 こしょう … 少々

作り方

1 キャベツは太い芯を切り落とし、6〜7cm長さのせん切りにする。紫玉ねぎは横半分に切り、縦に薄切りにする。

2 ボウルに**1**を入れて塩をふり、ざっくりと混ぜる。10分ほどおいてしんなりとしたらぎゅっともみ、水けをしぼる。

3 **2**に混ぜたAを加えてあえる。

✏️ 段取りメモ

❶ メイン ＆ 副菜 下ごしらえ
❷ 副菜 塩をふる
❸ メイン 炒める
❹ 副菜 あえる

☑️ **まめちしき** カレー粉は油と炒めることで香りが立ち、辛さが引き立てます。水分を加える前にしっかり炒めましょう。

レタスのスープ

ガパオ

ちょっと変化球なものが食べたい！
というときにおすすめしたいガパオ。
メインがボリューミーなので、
スープはレタスだけでシンプルに。

✏️段取りメモ

❶ (メイン) & (副菜) 下ごしらえ

❷ (メイン) 炒める

❸ (副菜) 煮る

❹ (メイン) 卵を焼く

ガパオ

休日ランチにもぴったり！

材料 2人分

鶏ひき肉 … 200g
玉ねぎ … 1/4個
赤パプリカ … 1/2個
にんにく … 1/2かけ
赤とうがらし … 1本
バジル … 1パック
A オイスターソース、水
　　… 各大さじ2
　├ ナンプラー … 大さじ1
　└ 砂糖 … 小さじ1
サラダ油 … 大さじ3
卵 … 2個
あたたかいごはん … 適量

作り方

1 玉ねぎ、パプリカは横半分に切って、縦に薄切りにする。にんにくはみじん切りにし、赤とうがらしは小口切りにする。バジルは葉の部分を摘む。Aは混ぜ合わせる。

2 フライパンにサラダ油大さじ1、にんにく、赤とうがらしを入れて中火で熱し、ひき肉を加える。粗めにほぐしながら肉の色が変わって少し焼き色がつくまで3分ほど炒める。玉ねぎ、パプリカを加え、しんなりするまで1分ほど炒める。

3 Aを加え、全体になじむまで炒めて火を止める。バジルを加えてさっと混ぜる。ごはんとともに器に盛る。

4 フライパンをきれいにし、サラダ油大さじ2を中火でしっかりと熱し、卵を割り入れる。卵の底がこんがりとするまで揚げ焼きにし、**3**にのせる。

＼ プラス1品 ／

副菜

レタスのスープ

さっと煮レタスのおいしさにハマる

材料 2人分

レタス … 2〜3枚 (80g)
A 水 … 2カップ
　├ 鶏ガラスープの素
　　　… 小さじ2
　├ 塩 … 小さじ1/3
　└ こしょう … 少々

作り方

1 レタスは一口大にちぎる。

2 鍋にAを混ぜ、中火にかける。煮立ったらレタスを加えてさっと煮る。

☑ まめちしき 「ガパオ」は人気のタイ料理ですが、本来はタイのハーブ「ホーリーバジル」で作ります。
日本では手に入りにくいので、市販の「スイートバジル」を使用しましょう。

サラダ菜チーズサラダ

とろとろ卵のオムライス

106

何歳になってもワクワクするのが
ケチャップのかかったオムライス。
トマトの酸味によく合う、
クリーミーなサラダをプラスしましょう。

✏️ 段取りメモ

❶ (メイン) & (副菜) 下ごしらえ

❷ (メイン) チキンライスを炒める

❸ (副菜) 仕上げる

❹ (メイン) 卵を焼く

とろとろ卵のオムライス

卵はワザいらずでのせるだけでOK！

材料　2人分

鶏むね肉 … 小1/2枚(120g)

玉ねぎ … 1/4個

卵 … 4個

塩、こしょう … 各少々

A 牛乳 … 大さじ1

└ 塩、こしょう … 各少々

サラダ油 … 大さじ1/2

白ワイン … 大さじ1

B トマトケチャップ … 大さじ4

├ 塩 … 小さじ1/3

└ こしょう … 少々

あたたかいごはん … 300g

バター … 30g

トマトケチャップ … 適量

作り方

1 鶏肉は1〜1.5cm角に切って塩、こしょうをふる。玉ねぎはみじん切りにする。卵を溶きほぐしてAを混ぜる。

2 フライパンにサラダ油を中火で熱し、鶏肉を炒める。肉の色が変わったら玉ねぎを加え、しんなりするまで炒める。白ワインを加え、水分が飛ぶまで炒める。Bを加え、ケチャップが深いオレンジ色になるまで1分ほど炒める。ごはん、バター10gを加え、均等に混ざるまで炒めて1人分ずつ器に盛る。

3 小さめのフライパンにバター10gを中火で熱し、卵液の半量を流し入れる。大きく混ぜ、半熟状になったら**2**にのせる。もうひとつも同様に焼く。トマトケチャップをかける。

材料 2人分

サラダ菜 … 1パック

A マヨネーズ … 大さじ2
　牛乳 … 小さじ2
　レモン汁 … 小さじ1/2
　塩、こしょう … 各少々

粉チーズ … 適量

作り方

1 サラダ菜は縦半分に切って冷水に
さらし、ぱりっとさせる。よく水け
をきって器に盛る。

2 Aを混ぜてかけ、粉チーズをふる。
ナイフとフォークで切りながら食
べる。

＼プラス1品／

（副菜）

サラダ菜チーズサラダ

クリーミーなのにくどくない優秀ドレッシング

✓ **まめちしき**　トマトケチャップは炒めることで酸味がとび、奥行きのある味わいになります。**赤い色が深いオレンジ色になったらよく炒まったサインです。**

冷やし豆乳
肉みそうどん

常備しておくと
便利な冷凍うどんは、
豆乳&肉みそで
あっというまにお店の味に。
副菜のきゅうりは
たたいて割ることで
味がよくからみます。

✏️ **段取りメモ**

❶ メイン & 副菜 下ごしらえ
❷ 副菜 あえる
❸ メイン 炒めて仕上げる

ねぎ塩たたききゅうり

110

冷やし豆乳肉みそうどん

こっくり辛うまのスープがたまらない

材料 2人分

冷凍うどん … 2玉
豚ひき肉 … 200g
パクチー … 1株(20g)
にんにく … 1/2かけ
A 豆乳(成分無調整) … 1と1/4カップ
　| しょうゆ … 小さじ1
　| 塩 … 小さじ2/3
サラダ油、豆板醤 … 各小さじ1
しょうゆ … 大さじ1
ラー油 … 少々

作り方

1 パクチーはざく切りにする。にんにくはみじん切りにする。Aは混ぜ合わせる。

2 フライパンにサラダ油、にんにく、豆板醤を入れて中火で熱し、香りが立ったらひき肉を入れ、肉の色が変わるまで炒める。しょうゆを加えてさっと炒める。

3 冷凍うどんを袋の表示通りに電子レンジで加熱する。冷水にとってしめ、水けをよくきって器に盛る。2とパクチーをのせ、Aとラー油をかける。

\ プラス1品 /

副菜

ねぎ塩たたききゅうり

作り置きして晩酌にもおすすめ

材料 2人分

きゅうり … 2本
A 長ねぎのみじん切り
　　… 1/3本分
　ごま油 … 大さじ1
　レモン汁 … 小さじ2
　塩 … 小さじ1/3
　| こしょう … 少々

作り方

1 きゅうりは麺棒でたたき、食べやすい大きさに割る。

2 ボウルにAを混ぜ、1を加えてあえる。

☑ **まめちしき** たたききゅうりに使用する**麺棒がなければ、缶詰の底にラップをかぶせて代用しても。**強くたたきすぎないように気をつけましょう。

いんげんと
ツナのサラダ

タイの定番焼きそば「パッタイ」を
中華麺で簡単アレンジ。
副菜はまろやかな味のサラダにして
バランスをとります。

パッタイ風
アジアン焼きそば

112

パッタイ風アジアン焼きそば

ライムですっきり

材料 2人分

中華蒸し麺 … 150g
むきえび … 120g
にんにく … 1かけ
卵 … 2個
サラダ油 … 大さじ1
A オイスターソース … 大さじ1
　ナンプラー、砂糖、酢
　　… 各大さじ2
　こしょう … 少々
パクチーのざく切り、
　ライムのくし形切り … 各適量

作り方

1. むきえびは背ワタがあればとる。にんにくはみじん切りにする。卵は溶きほぐす。中華蒸し麺は耐熱皿にのせ、ふんわりとラップをかけて電子レンジで2分ほど加熱し、ほぐす。

2. フライパンにサラダ油、にんにくを入れて中火で熱し、香りが立ったらむきえびを加えて炒める。えびの色が変わったら中華蒸し麺、Aを加え、全体にからまるまで炒める。

3. 卵を加えて少し焼きつけてから、さっと炒める。器に盛り、パクチーとライムを添える。

✎ 段取りメモ

① メイン & 副菜 下ごしらえ
② 副菜 ゆでてあえる
③ メイン 炒める

＼ プラス1品 ／

副菜

いんげんとツナのサラダ

クセのあるメインも受け止める
安定のツナマヨ

材料 2人分

さやいんげん … 18本
ツナ缶 … 1缶 (70g)
塩 … 少々
A マヨネーズ … 大さじ2
　塩、こしょう … 各少々

作り方

1. ツナ缶は汁をきる。

2. 鍋に湯を沸かして塩を入れ、さやいんげんを加えて柔らかくなるまで3〜4分ゆでる。ざるに上げて冷まし、3等分の長さに切る。

3. ボウルにツナ、Aを混ぜ、いんげんを加えてあえる。

☑ まめちしき　中華蒸し麺はレンジ加熱するとほぐれて炒めやすくなるので、炒めすぎてパサついたり、かたくなったりすることも防げます。

定番じゃないけど 買ってみて!!

彩りやアクセント、風味を添える
食材で、料理をグレードアップ!

【食材編】

【パクチー】

シャンツァイ（香菜）とも
呼ばれ、独特の強い香りが
あり、タイ料理やベトナム
料理に欠かせないハーブ。
ざく切りにして仕上げに
たっぷりとのせるだけで、
エスニックな味わいに仕
上げてくれます。

おすすめの保存方法

ふたのある保存容器に1cm深さ
まで水を入れ、根を下にして入
れる（葉が水に浸からないよう
にする）。ふたをして冷蔵室へ。
2日おきに水を替えて、4〜5
日保存可能。

余ったら、ラップで
ぴっちり包んで、冷蔵室の
野菜室で保存を

【紫玉ねぎ】

普通の玉ねぎよりも辛みがマ
イルド。水にさらさずに生の
まま使えるので、サラダに最
適です。鮮やかな紫色のおか
げで、見た目も一気におしゃ
れに仕上がります。

余ったら、水に搾って
レモン水にして飲むと、
おいしく使いきれます

【生レモン】

ドレッシングやマリネに
使ったり、揚げものに
キュッと搾ったり……。
さわやかな酸味がアクセ
ントとなり、食欲をそそり
ます。切って料理に添え
れば、彩りもアップ！

おすすめの保存方法

果汁を搾って清潔な瓶
に入れ、冷蔵室へ。1週
間ほど保存可能。

4章

ずぼら副菜カタログ

「もう一品足してみようかな?」
そんなときにすぐできる
カンタン副菜をまとめました。
味のジャンル別にアイコンをつけていますので、
今日の献立に合わせて活用してみてください!

材料 2人分

木綿豆腐 … 小1丁（200g）

ニラ … 1/5束（約20g）

A しょうゆ … 大さじ1

└ ごま油 … 小さじ1

ニラじょうゆやっこ

作り方

1 ニラは小口切りにしてAと混ぜ合わせ、しんなりするまで10分ほどおく。

2 豆腐は半分に切ってペーパータオルで水けをふき、器に盛る。**1**をかける。

ごま油の風味が食欲をそそる

材料 2人分

グリーンアスパラガス … 4〜5本

塩 … 少々

A 白すりごま … 大さじ2

│ 砂糖、しょうゆ、水

│　… 各小さじ2

アスパラのごまあえ

素材を味わうシンプルな和副菜

作り方

1 グリーンアスパラガスは根元のかたい部分をピーラーでむく。鍋に湯を沸かして塩を入れ、アスパラガスを1分20秒ほどゆでる。ざるに広げて冷まし、4等分の長さに切る。

2 ボウルにAを混ぜ、**1**を加えてあえる。

トマト納豆

材料 2人分

ミニトマト … 5個
納豆 … 2パック
納豆の添付たれ … 2つ
青のり … 適量

作り方

1 ミニトマトは縦4等分に切り、横半分に切る。

2 納豆に添付たれを混ぜ、器に盛る。ミニトマトをのせ、青のりをふる。

あざやかな赤が食卓の彩りにも◎

さつまいものレンジはちみつレモン煮

材料 2人分

さつまいも … 150g
レモンの輪切り … 1枚
A 水 … 大さじ3
砂糖、はちみつ
　… 各大さじ1
塩 … ひとつまみ

作り方

1 さつまいもは1cm幅の輪切りにし、水にさっとさらして水けをきる。レモンは4等分に切る。

2 直径20cmほどの耐熱皿にA、レモンを混ぜ合わせ、さつまいもを重ならないように並べる。ふんわりとラップをかけ、電子レンジで5分ほど加熱する。ときどき上下を返し、冷ましながら味をなじませる。

甘酸っぱさが献立のアクセントに

みそマヨスティック野菜

材料 2人分

セロリ、大根 … 各適量
A マヨネーズ … 大さじ2
└ みそ … 小さじ1

作り方

1 セロリ、大根はスティック状に切る。

2 Aを混ぜて添える。

野菜がいくらでも食べられる！

ほうれん草のにんにくじょうゆ炒め

和

材料 2人分

ほうれん草 … 1束
にんにく … 1/2かけ
サラダ油 … 小さじ1
バター … 10g
しょうゆ … 小さじ1
塩 … 少々

作り方

1 ほうれん草は5cm幅に切り、太い茎は縦半分に切る。にんにくは木べらなどでつぶす。

2 フライパンにサラダ油、にんにくを入れて中火で熱し、香りが立ったらほうれん草を炒める。しんなりとしたらバター、しょうゆ、塩を加えてざっと炒める。

にんにくの香りで食欲がわいてくる

和

アボカドチーズ

材料 2人分

アボカド … 1個
A しょうゆ、オリーブ油
  └ … 各小さじ2
  └ 練りわさび … 小さじ1/4
粉チーズ … 適量

作り方

1 アボカドは種と皮を除いて
   1cm幅に切り、器に盛る。
2 Aを混ぜてかけ、粉チーズ
   をふる。

ピリッとわさびとまろやかチーズが相性抜群

洋

かぶとハムのサラダ

材料 2人分

かぶ … 1個
ハム … 2枚
塩 … ひとつまみ
こしょう … 少々
オリーブ油 … 小さじ2

作り方

1 かぶは縦に薄切りにする。
   ハムは放射状に6等分に切
   る。
2 器にかぶ、ハムをランダム
   に広げて盛る。塩、こしょ
   うをふり、オリーブ油をか
   ける。

オリーブ油の風味でシンプルに

玉ねぎステーキ

材料 2人分

玉ねぎ … 1個
サラダ油 … 小さじ1
塩、粗びき黒こしょう … 各少々
バター … 15g
しょうゆ … 適量

作り方

1 玉ねぎは横4等分を目安に、厚さ1〜1.5cmの輪切りにする。

2 フライパンにサラダ油を強めの中火で熱し、1を入れて2分ほど焼く。こんがりとしたら上下を返し、ふたをして弱火で3分ほど焼いて、器に盛る。塩、黒こしょうをふり、バターをのせ、しょうゆをかける。

焼いただけなのに甘くてジューシー！

パプリカマリネ

材料 作りやすい分量

黄パプリカ … 1個
A すりおろし玉ねぎ … 小さじ1
　 オリーブ油 … 大さじ1
　 酢 … 小さじ2
　 塩 … ひとつまみ
　 こしょう … 少々

作り方

1 パプリカは縦6等分に切る。耐熱皿に広げ、ふんわりとラップをかけて電子レンジで3分ほど加熱する。軽く冷まして皮をむく。

2 ボウルにAを混ぜ、パプリカを加えてあえる。10分ほどおいてなじませる。

きらきらと輝く宝石のような一皿

キャロットラペ

洋

材料 2人分

にんじん … 1本
レーズン … 大さじ2
塩 … ひとつまみ
A オリーブ油 … 大さじ1と1/2
　酢 … 大さじ1/2
　はちみつ、塩 … 各小さじ1/4
　こしょう … 少々

レーズンはぜひ入れてみて

作り方

1 にんじんはスライサー（なければ包丁）でせん切りにする。ボウルに入れ、塩をふってさっと混ぜ、10分ほどおく。手でよくもみ、水けをぎゅっとしぼる。

2 ボウルにAを混ぜ、1とレーズンを加えてあえる。

ごぼうのマスタードマヨサラダ

洋

材料 2人分

ごぼう … 1本(160g)
塩 … 少々
A マヨネーズ … 大さじ2
　粒マスタード … 小さじ1
　レモン汁 … 小さじ1/2
　塩 … 小さじ1/4
　こしょう … 少々
一味とうがらし … 少々

ピリ辛マヨが大人の味

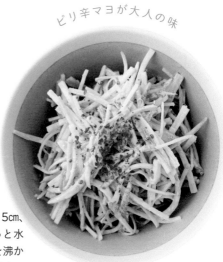

作り方

1 ごぼうは包丁で皮をこそげ、長さ5cm、太さ3mmほどの細切りにし、さっと水にさらして水けをきる。鍋に湯を沸かして塩を入れ、ごぼうを3分ほどゆでる。水けをきって冷ます。

2 ボウルにAを混ぜ、1を入れてあえる。器に盛り、一味とうがらしをふる。

差し色の紫で食卓がぐっと華やぐ

紫玉ねぎのレンジピクルス

洋

材料 2人分

紫玉ねぎ … 1/2個
A ローリエ … 1枚
　酢、水 … 各大さじ2
　砂糖 … 大さじ1
　塩 … ひとつまみ

作り方

1 紫玉ねぎは1cm幅のくし形切りにする。

2 耐熱ボウルにAを混ぜ、**1**を入れてふんわりとラップをかける。電子レンジで1分30秒ほど加熱し、冷ましながら味をなじませる。

にんにくときのこは相性抜群！

エリンギのペペロン炒め

洋

材料 2人分

エリンギ … 2本
にんにく … 1かけ
赤とうがらし … 1/2本
オリーブ油 … 大さじ1
塩 … ひとつまみ

作り方

1 エリンギは半分の長さに切り、縦に薄切りにする。にんにくはみじん切りにする。赤とうがらしは小口切りにする。

2 フライパンにオリーブ油を中火で熱し、エリンギを焼きつける。こんがりとしたらにんにく、赤とうがらしを加えてしんなりするまで炒め、塩で調味する。

塩もみズッキーニのナムル

韓国

材料 2人分

ズッキーニ … 1本(200g)

塩 … 小さじ1/3

A ごま油 … 大さじ1

白いりごま … 小さじ1

一味とうがらし … 少々

作り方

1 ズッキーニは縦半分に切り、斜め薄切りにする。ボウルに入れて塩をふり、ざっと混ぜて5分ほどおいて水けをしぼる。

2 Aを加えてあえる。

薄切りにすることで食べやすく

中華味つけ卵

中華

材料 作りやすい分量

卵 … 4個

A 水 … 大さじ4

砂糖、しょうゆ、オイスターソース … 各大さじ2

作り方

1 卵は室温に戻す。鍋に湯を沸かし、卵をお玉にのせてそっと入れる。中火で煮立たせたまま7分ゆでる。すぐに冷水にとって冷まし、殻をむく。

2 ポリ袋にAを混ぜて**1**を入れる。空気を抜いて口を閉じ、半日以上漬ける。

ラーメンの具や、おつまみにも！

レタスの中華サラダ

材料 2人分

レタス … 5〜6枚 (200g)
A おろしにんにく … 少々
　┌ ごま油 … 大さじ1と1/2
　├ しょうゆ、酢 … 各小さじ1
　└ 塩、粗びき黒こしょう … 各少々

作り方

1 レタスは一口大にちぎる。

2 ボウルにAを混ぜて**1**を
　加え、軽くしんなりするま
　で手でもむようにしながら
　あえる。

包丁いらずの超速メニュー

中華

きゅうりとちくわのオイマヨあえ

材料 2人分

きゅうり … 1本
ちくわ … 2本
A マヨネーズ … 大さじ2
　└ オイスターソース … 小さじ1

作り方

1 きゅうりとちくわは薄い小
　口切りにする。

2 ボウルにAを混ぜ、**1**を加
　えてあえる。

オイスターソースが味の決め手

材料 2人分

れんこん … 120g
たらこ … 30g
ごま油 … 大さじ1/2

作り方

1 れんこんは皮をむき、薄い半月切りにする。たらこは薄皮を除いてほぐす。

2 フライパンにごま油を中火で熱し、れんこんを炒める。透き通ったらたらこを加え、色が変わるまで炒める。

れんこんの中華たらこ炒め

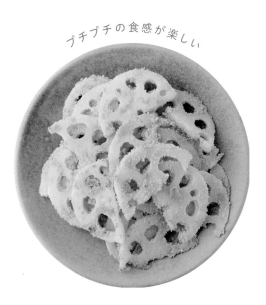

プチプチの食感が楽しい

材料 作りやすい分量

白菜 … 小1/4個（400g）
塩 … 小さじ2
A 砂糖、酢 … 各大さじ3
　赤とうがらしの小口切り
　　　… 1/2本分
　ホワジャオ（好みで）… 適量
ごま油 … 大さじ2

作り方

1 白菜は葉と軸に分け、葉は大きめの一口大に、軸は長さ5～6cm、幅1cmの棒状に切る。ボウルに入れて塩をふり、ざっと混ぜて10分ほどおく。

2 バットにAを混ぜる。白菜の水けをぎゅっとしぼって加え、あえる。ごま油をフライパンで煙が立ってくるまで熱し、白菜に回しかけてざっと混ぜる。

ラーパーツァイ

中華風の甘酢漬け

食材別さくいん

【肉・肉加工品】

●牛肉
- 牛肉とにんじんのアジアンサラダ…30
- 牛肉とピーマンのオイスター炒め…34

●鶏肉
- ひとくちユーリンチー…16
- 鶏の塩麹じゃが…20
- タンドリーチキン…26
- チリマヨチキン…38
- 鶏のはちみつトマト煮…32
- チキンソテー きのこクリームソース…66
- 中華きのこ蒸し鶏…68
- チキンソテーときのこのうま煮…64
- 鶏じゃがいものカレーじょうゆ炒め…82
- 皮ぱりチキンソテーとじゃがいもバター…84
- 鶏じゃがいものコチュジャン煮…86
- とろとろ卵のオムライス…106

●ひき肉
- マーボー春雨…28
- おろし鶏しょうがね…70
- 肉みそ大根ステーキ…72
- ひき肉と大根のエスニック炒め…74
- なすのキーマカレー…104
- ガパオ…102
- 冷やし豆乳肉そうめん…110

●豚肉
- 豚バラとなすのみそ炒め…12
- 豚の王道しょうが焼き…18
- ミラノ風焼きカツレツ…24
- 豚キムチ炒め…40
- 豚こまとキャベツのレモン昆布蒸し…58
- 豚こまとキャベツのカレートマト煮…60
- みそホイコーロー…62
- なすのうまみそ肉巻き…76
- 豚バラとなすの韓国風蒸し…78
- 豚バラとなすの中華ニラ炒め…80

●肉加工品
- ハムと大根のごまサラダ…46
- 豆苗とベーコンのコンソメスープ…50
- ベーコンとアスパラの卵炒め…52
- きのことベーコンの和風パスタ…100
- かぶとハムの和風スープ…119

【魚介・魚介加工品】

●えび
- ヤムウンセン…38
- えびと春雨のレモンスープ…112
- パッタイ風春雨焼きそば…74

●鮭
- 鮭と玉ねぎのチーズホイル蒸し…46
- 鮭のエスカベッシュ…90
- 鮭と玉ねぎのナンプラー炒め…92

●ぶり
- ぶりのガーリックバター照り焼き…42

●あさり
- クラムチャウダー…48

●しらす干し
- 水菜としらすのオリーブじょうゆ…76

●たらこ
- れんこんの中華たらこ炒め…125

●練り製品
- きゅうりとちくわのオイマヨあえ…124

●かに風味
- かに玉風…50

【卵】
- 中華コーンスープ…34
- かに玉風…50
- キムチ卵炒め…78
- ベーコンとアスパラの卵炒め…52
- アスパラの目玉焼きのっけ…96
- とろとろ卵のオムライス…106
- 中華ニラ漬け卵…123

【大豆加工品】

●豆腐
- 豆腐とトマトの和風サラダ…20
- キムチ冷奴…62
- わかめ豆腐…86
- ニラじょうゆやっこ…116

●納豆
- トマト納豆…117

【野菜・きのこ】

●青じそ
- 豆腐とトマトの和風サラダ…20
- 和風ゆずしょうポテサラ…70

●アボカド
- キャベツのタバスコアボカドあえ…12
- アボカドグラタン…52
- アボカドチーズ…119

●オクラ
- じゃがいもとオクラのサブジ…26

●貝割れ菜
- もやしと貝割れ菜のナムル…40

●かぶ
- かぶとハムのサラダ…119

●かぼちゃ
- かぼちゃのナッツサラダ…60
- かぼちゃのピリ辛みそ汁…88

●きのこ
- 鮭ときのこのチーズホイル蒸し…46
- きのこのうま煮…58
- チキンソテー きのこクリームソース…66
- 中華きのこ蒸し鶏…68
- チキンソテーときのこのうま煮…64
- きのことベーコンの和風パスタ…100
- エリンギのペペロンチーノ炒め…122

●キャベツ・紫キャベツ
- キャベツのタバスコアボカドあえ…12
- 豚の王道しょうが焼き…18
- 紫キャベツのマリネ…48
- 豚こまとキャベツのレモン昆布蒸し…58
- 豚こまとキャベツのカレートマト煮…60
- みそホイコーロー…62
- コールスロー…102

●きゅうり
- ヤムウンセン…38
- 自家製ドレッシングのグリーンサラダ…24
- きゅうりと玉ねぎのギリシャ風サラダ…32
- 白菜ときゅうりの浅漬け…100
- ねぎ塩たたききゅうり…110
- きゅうりとちくわのオイマヨあえ…116
- アスパラのごまあえ…116

●アスパラ
- グリーンアスパラガス…?
- ベーコンとアスパラの卵炒め…52
- アスパラの目玉焼きのっけ…96

●ごぼう
- ごぼうのマスタードマヨサラダ…121

●小松菜
- ひじきと青菜のサラダ…42
- 小松菜の塩昆布炒め…82
- 鮭と玉ねぎのナンプラー炒め…92

●さつまいも
- さつまいものレンジはちみつレモン煮…117

●さやいんげん
- いんげんとツナのサラダ…112
- チキンのはちみつトマト煮…32

●ししとう
- じゃがいもとししとうのみそ汁…18

●じゃがいも
- じゃがいもとししとうのみそ汁…18
- 鶏の塩麹じゃが…20
- じゃがいもとオクラのサブジ…26
- クラムチャウダー…48

和風ゆずこしょうポテサラ…70
鶏とじゃがいものカレーじょうゆ炒め…84
皮ぱりチキンソテーとじゃがいものゆず炒め…82
鶏とじゃがいものコチュジャン煮…86
シャキシャキじゃがいものもぇ…92

●ズッキーニ
塩もみズッキーニのナムル…123

●セロリ
みそマヨスティック野菜…118

●大根
大根のピリ辛甘酢漬け…30
ハムと大根のごまサラダ…30
おろし鶏つくね…50
肉みそ大根ステーキ…72
みそマヨスティック野菜…118

●玉ねぎ・紫玉ねぎ
豚の王道しょうが焼き…18
鶏の塩鶏肉じゃが…20
牛肉とにんじんのアジアンサラダ…30
チキンのはちみつトマト煮…32
ヤムウンセン…38
豚キムチ炒め…40
ひじきと青菜のサラダ…42
クラムチャウダー…48
きゅうりと玉ねぎのオイスター炒め…72
鮭と玉ねぎの照り焼き…88
鮭のエスカベッシュ…90
鮭と玉ねぎのナンプラー炒め…92
ツナと玉ねぎの和風パスタ…96
きのことベーコンの和風パスタ…100
なすのキーマカレー…102
コールスロー…102
ガパオ…104
とろとろ卵のオムライス…106
玉ねぎステーキ…120
パプリカマリネ…120

●紫玉ねぎのレンジピクルス…122

●チンゲンサイ
チンゲンサイとベーコンの塩炒め…68

●豆苗
豆苗とベーコンのコンソメスープ…46

●トマト・ミニトマト
豆腐とトマトの和風サラダ…20
トマトとトマトのチーズ焼き…66
トマト納豆…117

●長ねぎ
鶏肉とピーマンのオイスター炒め…16
わかめねぎスープ…70
おろし鶏つくね…80
鶏塩たたききゅうり…110
ねぎ塩たたききゅうり…110

●なす
鶏のうまみ牛肉巻き…76
蒸しなすのからしだれ…28
豚バラとなすのみそ炒め…12
なすのうまみなすの…
豚バラとなすの韓国風蒸し…78
豚バラとなすの中華ニラ炒め…80
なすのキーマカレー…102

●ニラ
豚バラとなすの中華ニラ炒め…80
ニラじょうゆやっこ…116

●にんじん
牛肉とにんじんのアジアンサラダ…30
にんじんのからしマヨサラダ…64
キャロットラペ…121

●白菜
白菜ときゅうりの浅漬け…100
ラーパーツァイ…125

●パクチー
蒸しなすのからしだれ…28
ヤムウンセン…38

●ひき肉と大根のエスニック炒め…74
冷やし豆乳肉みそうどん…110

●ピーマン・パプリカ
タンドリーチキン…26
牛肉とピーマンのオイスター炒め…34
みそホイコーロー…62
鮭のエスカベッシュ…90
ガパオ…104
パプリカマリネ…120

●ブロッコリー
クラムチャウダー…48
ホットブロッコリー…84

●ベビーリーフ
自家製ドレッシングのグリーンサラダ…24

●もやし
もやしと貝割れ菜のナムル…40

●ほうれん草
ほうれん草のにんにくじょうゆ炒め…118

●水菜
水菜としらすのオリーブじょうゆ…76

●レモン
ひとくちチューリンチー…16
鮭ときのこのチーズホイル蒸し…46
豚こまとキャベツのレモン昆布蒸し…58
えびと春雨のレモンスープ…74
皮ぱりチキンソテーとじゃがいものゆず炒め…84
さつまいものレンジはちみつレモン煮…117

●レタス
レタス・サニーレタス・サラダ菜
牛肉とにんじんのアジアンサラダ…30
レタスのピリ辛のりサラダ…16
サラダ菜チーズサラダ…106
レタスの中華サラダ…124
サラダ菜チーズサラダ…106
マカロニレタスサラダ…90
レタスのスープ…104

●れんこん
れんこんの中華たらこ炒め…125

【乾物・漬けもの】
●カットわかめ
わかめねぎスープ…80
わかめ豆腐…86

●白菜キムチ
白菜キムチ炒め…40
豚キムチ炒め…40
キムチ冷奴…62
キムチ卵炒め…78

●春雨
マーボー春雨…28
ヤムウンセン…38
えびと春雨のレモンスープ…74

●ひじき
ひじきと青菜のサラダ…42

【缶詰】
●クリームコーン缶
中華コーンスープ…34

●ツナ缶
アボカドグラタン…52
ツナのトマトソースパスタ…96
いんげんとツナのサラダ…112

●トマト缶
チキンのはちみつトマト煮…32
豚こまとキャベツのカレートマト煮…60

●ホールトマト缶
ツナのトマトソースパスタ…96

【ごはん・麺】
●ごはん
なすのキーマカレー…102
ガパオ…104
とろとろ卵のオムライス…106
きのことベーコンの和風パスタ…100
マカロニレタスサラダ…90
中華蒸し麺
パッタイ風アジアン焼きそば…112
冷やしうどん
冷凍豆乳肉みそうどん…110

市瀬悦子（いちせ・えつこ）

料理研究家。大学卒業後、食品メーカーの営業から料理の世界へ入り、多くの料理研究家のアシスタントを経て独立。「おいしくて、作りやすい家庭料理」をテーマに、書籍、雑誌、イベントのほか、NHK「きょうの料理」「あさイチ」などのテレビでも活躍中。豊富なアイデアを形にした、食欲をそそるでき栄えにファンも多数。著書に『目で見てわかる！「材料入れて煮るだけ」レシピ』（主婦と生活社）、『あるものだけで作れる平日ごはん』（主婦の友社）など。

公式サイト
http://www.e-ichise.com/
Instagram
@ichise_etsuko

「そろそろ、ちゃんと料理しようかな」
と思ったら読む本
2品献立、はじめました。

2020年10月25日　第1刷発行

著者　　　市瀬悦子（いちせえつこ）
発行者　　佐藤 靖
発行所　　大和書房（だいわ）
　　　　　〒112-0014
　　　　　東京都文京区関口1-33-4
　　　　　電話 03-3203-4511
本文印刷　廣済堂
カバー印刷　歩プロセス
製本　　　ナショナル製本

撮影　　　豊田朋子
スタイリング　駒井京子
デザイン　高橋朱里、菅谷真理子（マルサンカク）
編集協力　田子直美（1章、COLUMN）
校正　　　木野陽子
撮影協力　UTUWA